遇见紫禁城

YUJIAN ZIJINCHENG

古琴之韵

Guqin Zhi Yun

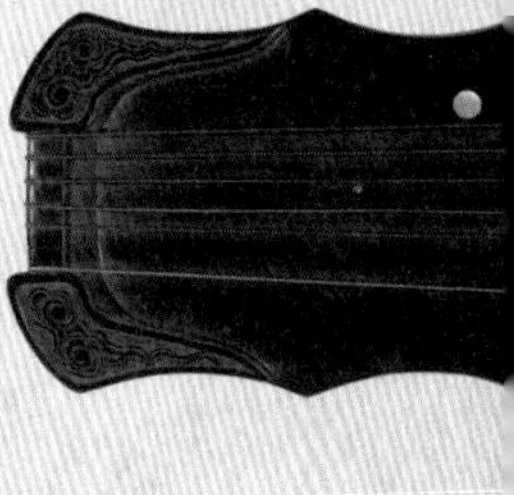

刘国梁——著

湖南科学技术出版社·长沙·

总序

本系列丛书重在展示乾隆皇帝与书房之间的关系。无论他是在书房里慎独修炼，还是走出书房感受自然，皆以自己的思想历程，阐释他与人、与自然之间的关系。

中华民族是一个有着五千年的文明历史和富于创造的民族，博大精深、瑰丽灿烂的文化为子孙后代留下了极其珍贵的历史遗产。很早之前就有这样一个想法，用那些常为世人瞩目的英雄人物背后的故事与传奇，来解析描述凝结在其中的文脉。

众所周知，中华以文兴国。古代文人士大夫往往有彼此相约的传统，常于书房、花园、山林之间畅述幽情，俯仰宇宙，通过交流，抒发对生命的感悟。这种志同道合的雅集聚会，同样被视作书房的一部分。因而在狭义与广义的书房中，在人与天地的交流中，蕴含天地大道的器物被移入书房，摩玩舒卷，浸觉有味，既可发思古之幽情，又可修身养德。

而与自己意趣相投、志同道合的友人赋诗弹琴，唱和雅集，更能在互相交流中体会生命的有限与宇宙的无限，浩然之气自然会充盈其间。同时，一杯清香的茗茶，不仅为友人之间的高谈阔论增添无穷的情趣，而且有敞开心扉，展示自我的妙趣。

宋代《高斋漫录》有载：司马光与苏轼论茶墨俱香，“茶与墨二者正相反，茶欲白、墨欲黑，茶欲重、墨欲轻，茶欲新、墨欲陈。苏曰：奇茶妙墨俱香，是其德同也，皆坚，是其操同也。譬如贤人君子”。可见茶墨质性不同，但彼此之芬芳，恰如彼此之秉德而志同道合。

故宫博物院所藏文物作为中华民族传统文化的重要载体，是人类弥足珍贵的民族文化遗产，也是中华文明大观园中熠熠生辉、璀璨耀目的一枝奇葩，它凝聚着各民族辛勤的汗水和心血，体现了各民族非凡的创造能力，是各民族聪明智慧的生动表现，值得我们代代相承和发扬光大。

此书以中国古代传统科技与工艺为切入点，内容涉及古代文人士大夫对宇宙天地万物产生的思索、笔墨纸砚的认知、漆器的发明与创造、茶叶的制作与品位等方面，不仅可以使读者徜徉于中国传统书房浩瀚的知识海洋中，也能看到中华各民族的文明与智慧之光。

我们的初衷，是想为中国传统文化知识的普及做一点具体工作，通过专家撰写的方式，使中国古代文房知识得到普及。鉴于此，在行文上力求通俗易懂，内容上力求简明练达，表述上力求科学准确，篇章布局上力求突出重点、图文并茂，从而达到知识性、科普性、通俗性、趣味性的有机统一。诚然，这只是我们的一个初步尝试，缺点和不足在所难免，期待广大读者给予批评指正。

希望这套系列丛书的出版，能为中国古代科技知识的普及与宣传贡献一点力量。衷心希望传统科技的火种，通过中华书房文化的广泛传播，使整个社会，特别是青少年，在不久的将来肩负起传承弘扬中华民族文化的神圣使命。

張榮

故宫博物院图书馆首席专家
故宫博物院二级研究馆员
中国社会科学院研究生院研究生导师

前言

古琴是我国古代文化生活中重要的乐器，也是古代文人修身养性的重要器物。《礼记》云："士无故不撤琴瑟。"《琴会记》（唐·柳识）言："君子之座，必左琴右书。"这些文献无不说明古琴在古代文化生活中占有重要地位。古琴还是我国传承历史最悠久的乐器之一，三千多年来形成了一个融琴律、琴调、琴谱、琴器、琴曲、琴论、琴史、琴人等为一体的庞大体系，可谓是中国文化底蕴最为深厚的乐器。

2016 年 4 月，湖北枣阳郭家庙曹门湾墓区 86 号曾国墓地出土了一张 2700 余年前的古琴，这是目前所知考古出土最早的琴器。这张琴的出土印证了周代文献中多有琴出现的事实。但是这张琴通体略似高髻之人形，属"半箱琴"系统，与我们今日所见之传世琴尚有较大差异。目前所知与传世琴在器型上已无太大差别的最早的古琴考古资料来源于南京西善桥南朝（420—589）大墓，墓中出土的画像砖上绘有《竹林七贤与荣启期》，图中嵇康所弹之琴便与传世琴几无差异。这说明，最晚到

南朝时，古琴的形象已渐趋稳定。

目前传世琴中最早的琴器是唐琴，唐代之后，宋、元、明、清历代均有古琴传世。这些传世琴器逐渐构建出一个“琴器”收藏系统，因此附着于琴器身上的文化信息越来越丰富，甚至逐渐演化出琴器鉴定的学问。

欣赏一门艺术，可以切入的角度是多样的，从琴器的角度入手，希望也能为古琴这一古老的艺术觅得更多的知音！

目录

第四章 明琴

第五章 清琴

注：目录宋元明清琴下有更早时代的琴，因琴事多发生于相应时代，故暂归于其中。

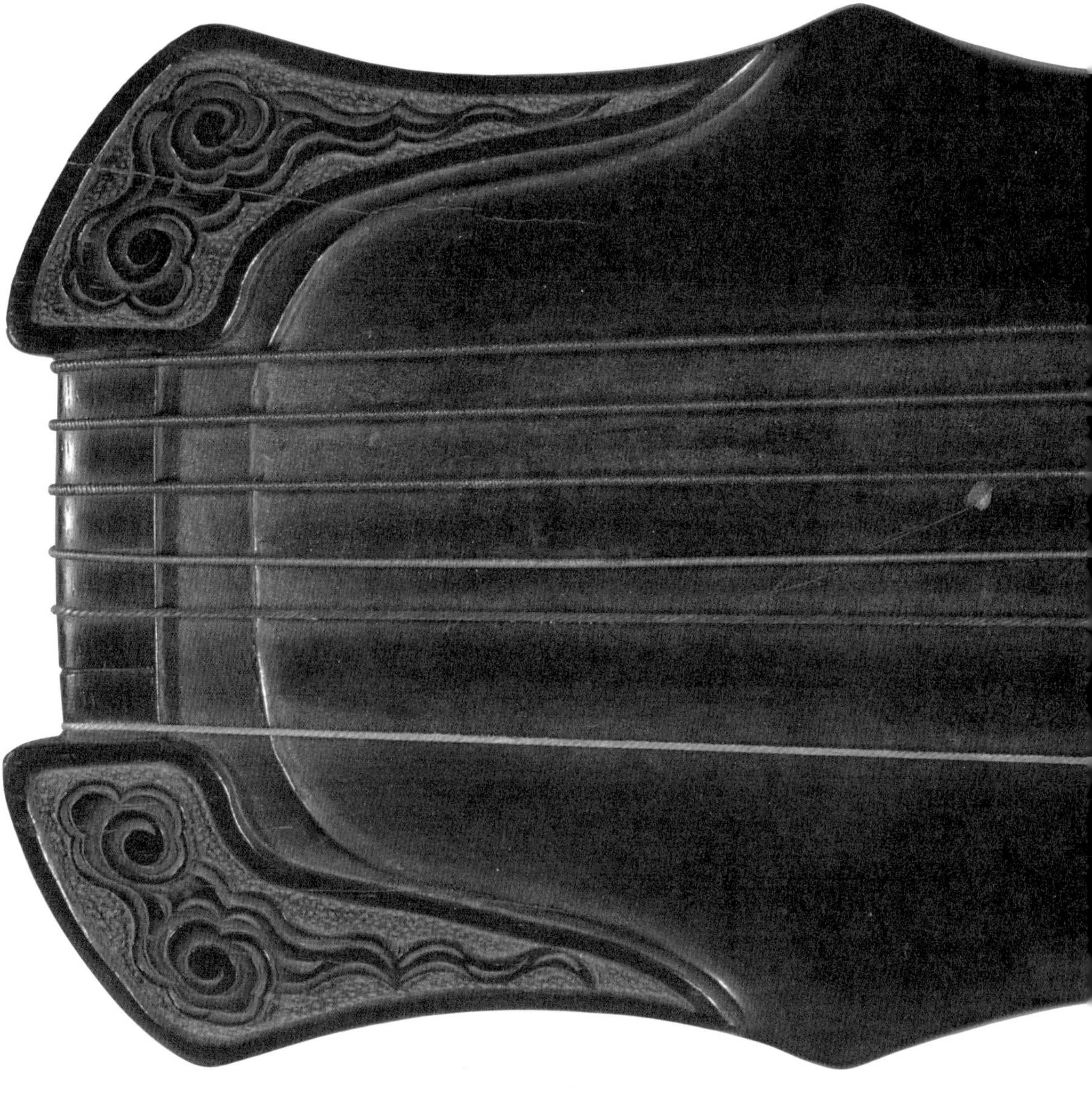

唐琴

第一章

中国现今收藏的所有古琴当中，
最著名的就是唐代的『九霄环佩』了。
『九』这个数字按中国的传统可谓极数，
含『至高』之意，
因而常与皇权、帝位关联。
琴名中的『九霄』指的也是极高的上空，
比如仙界；
『环佩』是中国古人佩于腰上的玉制饰物，
相碰时能发出悦耳的叮当之声。
这张琴的斫制匠心独运，制作精良；
发音九德兼备，尽善尽美；
藏者名家如云，
流传有序……
这一切，
使得这张『九霄环佩』琴
成为举世闻名的国宝。

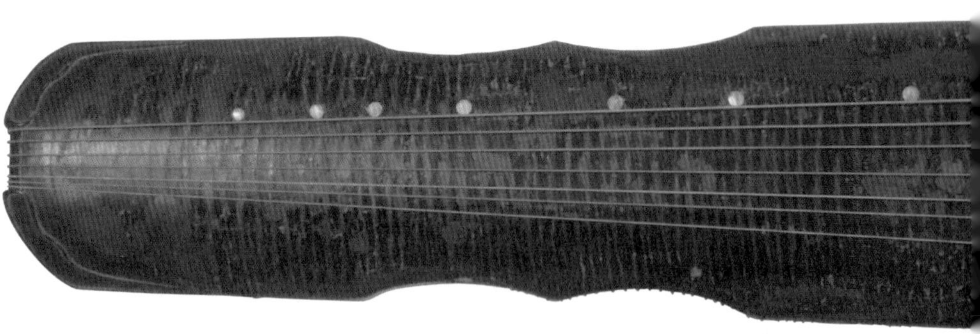

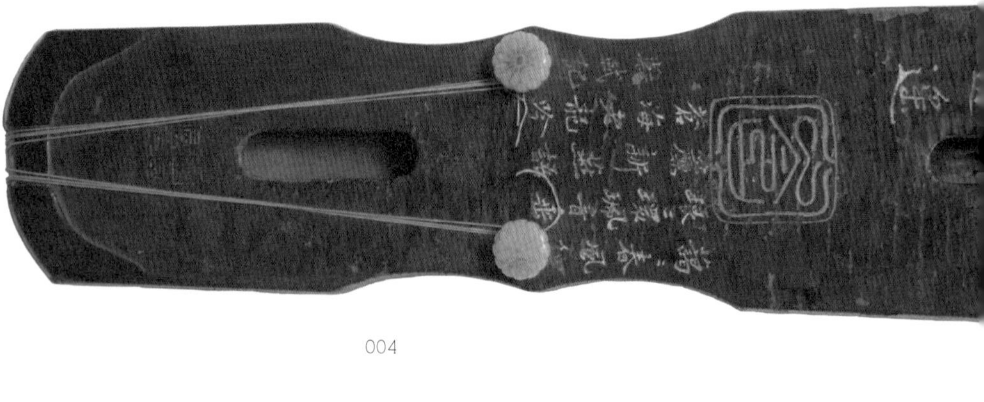

唐琴『九霄环佩』演绎的传奇故事

唐·『九霄环佩』琴正面、侧面、背面图
［故宫博物院藏］

“唐琴第一推雷公”

“九霄环佩”琴从出世那天起便注定不凡！这要从它的制作时间和制作者说起。

要了解古琴斫制的年代和作者，有一个简便的方法：**将琴身翻转，眼睛凑到古琴背面最大的出音孔龙池上，仔细观察琴腹中有无字迹即可。斫琴家往往会把斫琴的时间、自己的名号、斫琴的地点，用笔写或用刀刻于此处。**

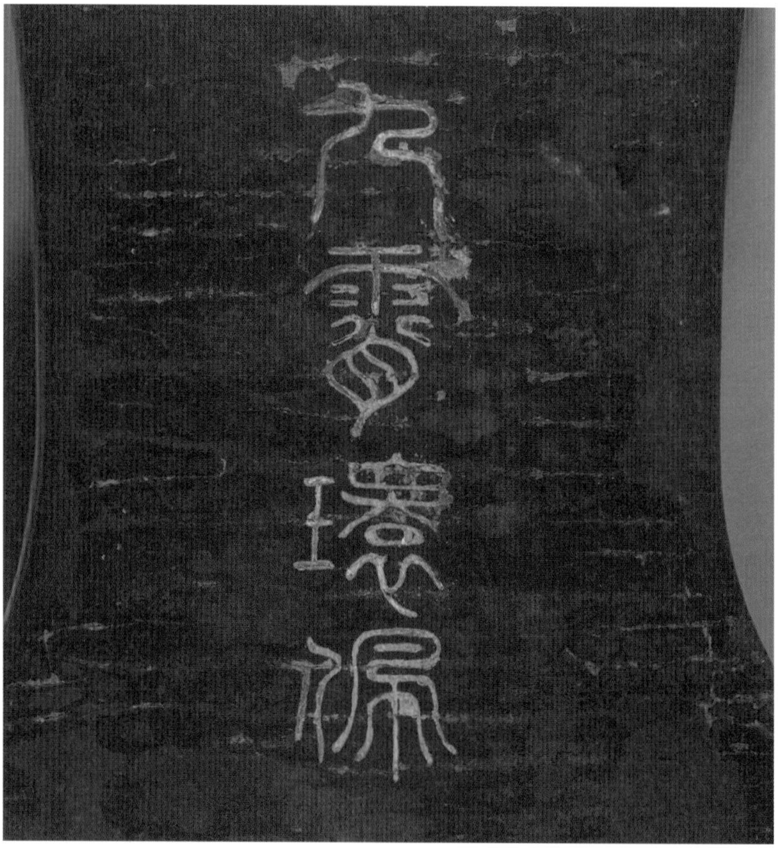

唐·『九霄环佩』琴琴名〔故宫博物院藏〕

在“九霄环佩”的琴腹左侧，可以看到以楷书刻写的“开元癸丑三年斫”七字。“开元三年”是715年，那么，这张琴是否就是这一年斫制的呢？检索中国历史年表，我们发现开元三年（715）是干支纪年法的“乙卯”年，而不是“癸丑”年（开元元年，即713年）。

难道这张琴的腹款是假的吗？据古琴鉴定专家郑珉中先生考证，有一种说法是：这张琴的腹款原为墨写，后来字迹模糊，后代重修时便把它刻了出来，由于字迹不清，才将开元“元年”误刻为“三年”，还将“癸丑”放在“开元三年”中间，实有画蛇添足之嫌。

那么，这张琴的制作者又是谁呢？我们在琴腹内，并没有发现斫琴家的名字。毕竟是1300多年前的古物，文献上也没有明确的记载。

在琴背龙池里，我们看到了一条宽2厘米、深1厘米的圆沟。这可不多见，要知道普通的古琴琴腹内部是没有这条沟的。**圆沟出现的位置学名叫作“纳音”。古琴由弧形的琴面和平整的琴板两块木头贴合组成琴腔，琴腔中大部分是空的，但在龙池和凤沼之间，琴腹中有一段凸起的实木，这段实木就叫“纳音”。**那么，这张琴的“纳音”是怎么回事呢？为什么会出现一条圆沟？这条圆沟有什么作用？和制作者之间又有什么关系呢？

说到这里，就不得不提一位大名鼎鼎的人物——**苏轼**。他不仅是北宋著名的文学家、书法家、画家，还是一位琴家。他不但善于弹琴，而且收藏古琴。为了探究唐代最著名的制琴家族——雷氏的制琴奥秘，苏轼居然将家藏制于唐开元十年（722）的蛇腹断“雷琴”剖腹，一探究竟。要知道，“雷琴”自唐代时便已十分出名，宋代时皇家及名人欧阳修、陆游等均有收藏，且价值不菲。后来，苏轼终于发现了“雷琴”不传的秘密：

“琴声出于两池间，其背微隆，若薤叶然，声欲出而隘，徘徊不去，乃有余韵，此最不传之妙。”

也就是说，苏轼发现，“雷琴”的“纳音”，像小蒜（薤）的叶子一样，中间有条浅沟，当声音从琴面传入琴腔之后，会在这里产生余韵，这便是“雷琴”不传之妙。

唐琴“九霄环佩”的“纳音”与苏轼家藏“雷琴”一致，所以从制作特征看，它应是“雷琴”之一。而且巧的是“九霄环佩”琴上还有一段苏轼“苏轼记”的琴铭**“蔼蔼春风细，琅琅环佩音。垂簾新燕语，苍海老龙吟。”**这四句写的均是琴声，十分形象。北宋元丰二年（1079）正月，42岁的苏轼在徐州任上时，也确曾与两三知己“游于泗水之上，登桓山，入石室，使道士戴日祥鼓雷氏之琴，操《履霜》之遗音”。但是，这四句诗不见于苏轼著作，有学者认为这一题铭为后人所刻。

关于『雷琴』

『雷琴』指的是唐代玄宗开元（713—741）至文宗开成（836—840）120多年间，四川雷氏前后三代人所制之琴。

雷氏制琴『选材良，用意深，五百年，有正音』『精妙天下无比』。

仅文献所载雷氏斫琴名家就有：雷霄、雷俨、雷绍、雷震、雷威、雷珏、雷文、雷会、雷迅共九人。

因此，民国古琴大家杨宗稷有『唐琴第一推雷公，蜀中九雷独称雄』之句，可见『雷琴』影响之深。

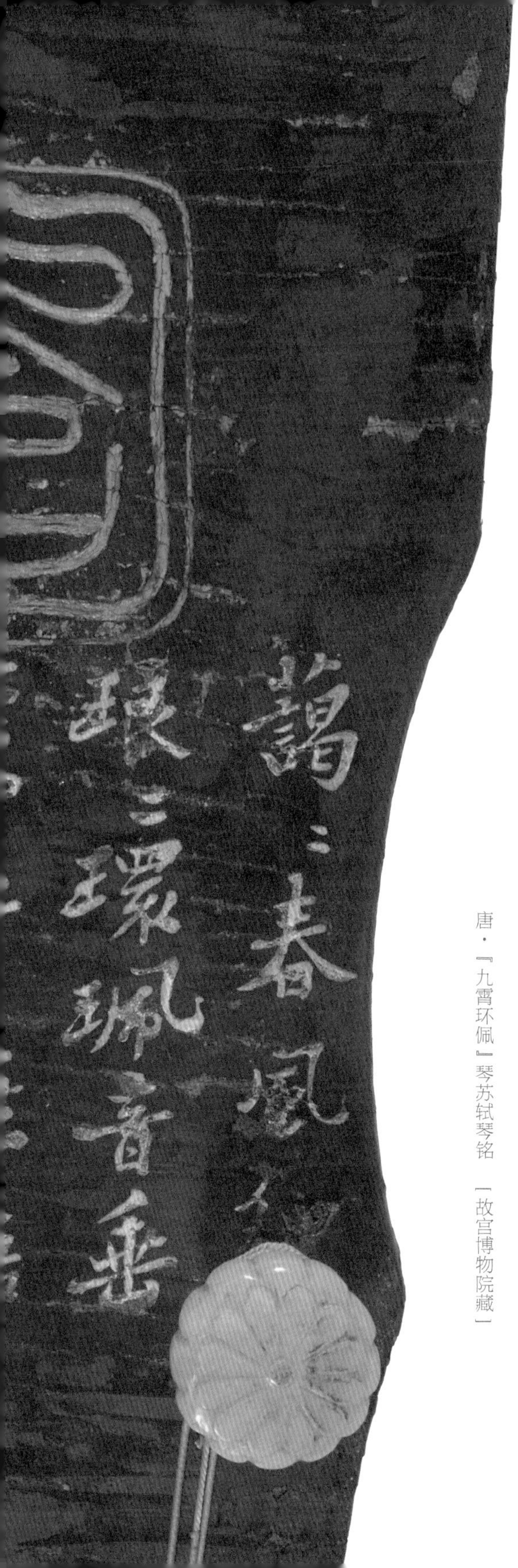

唐·『九霄环佩』琴苏轼琴铭 ［故宫博物院藏］

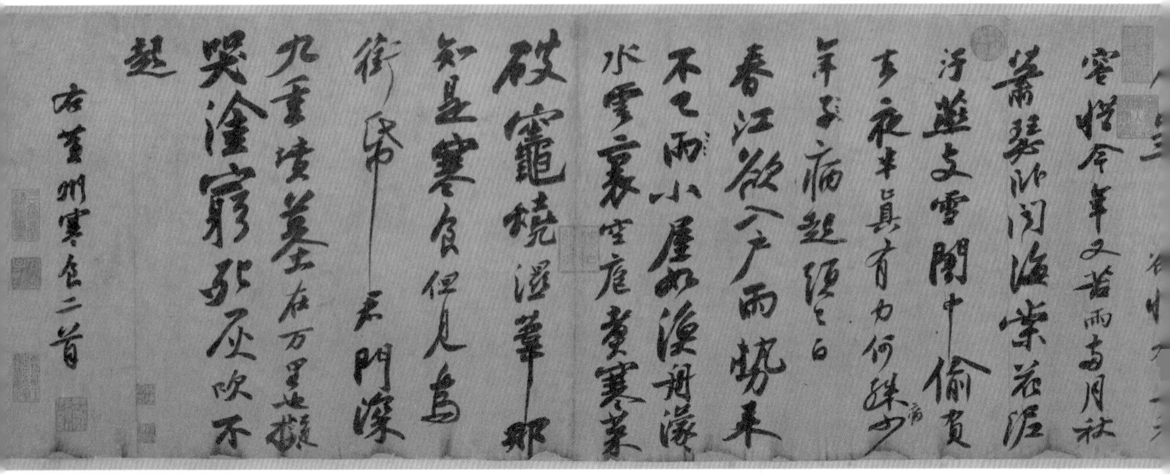
容惜今年又苦雨兩月秋
蕭瑟卧聞海棠花泥
汙燕支雪闇中偷負
去夜半真有力何殊病少
年病起頭已白
春江欲入戶雨勢來
不已小屋如漁舟濛
濛水雲裏空庖煮寒菜
破竈燒濕葦那
知是寒食但見烏
銜紙君門深
九重墳墓在萬里也擬
哭塗窮死灰吹不
起
右黄州寒食二首

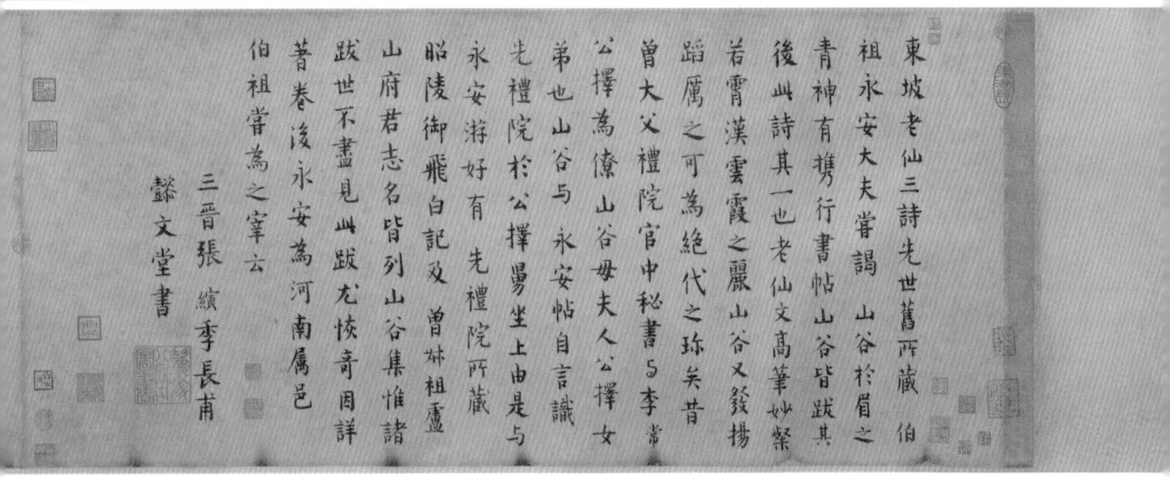
東坡老仙三詩先世舊所藏 伯
祖永安大夫嘗謁 山谷於眉之
青神有携行書帖山谷皆跋其
後此詩其一也老仙文高筆妙粲
若霄漢雲霞之麗山谷又發揚
蹈厲之可為絶代之珍矣昔
曾大父禮院官中秘書与李常
公擇為僚山谷母夫人公擇女
弟也山谷与 永安帖自言識
先禮院於公擇坐上由是与
永安游好有 先禮院所藏
昭陵御飛白記及 曾叔祖盧
山府君志名皆列山谷集惟諸
跋世不盡見此跋尤恢奇因詳
著卷後永安為河南屬邑
伯祖嘗為之宰云
三晋張 縯季長甫
鑒文堂書

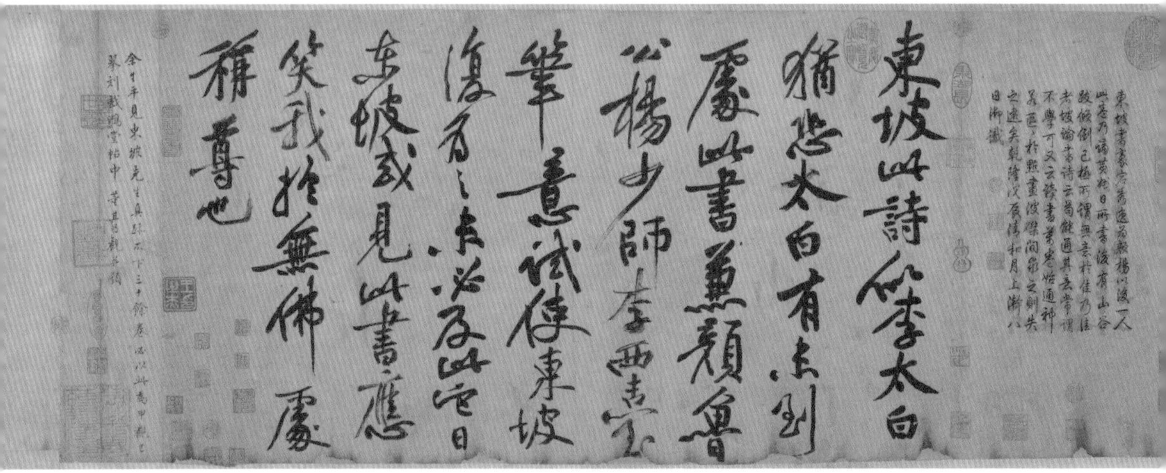

北宋·苏轼书·《寒食帖》（纸本）·局部 [中国台北故宫博物院藏]

那么，我们还可不可以找到更多“九霄环佩”琴作为“雷琴”的证据呢？

古人制琴，琴面一般用梧桐木，取其松透；底面一般用梓木，取其细密。“九霄环佩”琴却不一样，它以**梧桐木作面，杉木作底。**

元代伊世珍《琅嬛记》云：

“雷威作琴，不必皆桐，遇大风雪中独往峨眉，酣饮著蓑笠入深松中，听其声延绵悠扬者伐之，斫以为琴，妙过于桐。”

可见，雷威不拘旧法，在桐木、梓木之外选用峨眉松杉之木做琴。因松木枝节多，纹粗而脂厚，从传世的“雷琴”来看，未见松木之琴，此处的峨眉松应为现在所说松科云杉属下的杉木，这种木材是适合做琴的。

杨宗稷在《琴学丛书》中说：

“破修古琴数十，其中杉制者竟居十之三四，且有最著名之古琴与最著名大家所制之琴皆用杉，池沼间表以桐。”

一开始他以为这是拙工作伪之法，后来发现宫殿、寺观栋梁均用杉木不用桐木，以此种古杉制琴胜于新桐百倍。

所以，无论是从形制特点、琴材选用上，还是从目前所见5张伏羲式唐琴，“九霄环佩”琴最为厚重和长大，由此来看，“九霄环佩”琴应为雷氏的作品。

北宋元丰六年（1083）十月初四日，苏轼写道：

“唐雷氏琴，自开元至开成间世有人，然其子孙渐志于利，追世好而失家法，故以最古者为佳，非贵远而贱近也。”

可知雷氏子孙后来一切从利益出发，追世好而失其不传之秘，渐渐在历史中销声匿迹。从这一点来看，“九霄环佩”琴应为雷氏早期尚未失家法之最古者。

泠然太古有传人

作为“雷琴”，“九霄环佩”琴在唐代被斫制成功后，便被冠以“九霄环佩”之名，并刻于琴背龙池之上。“包含”大印与琴名为同时所刻。“雷琴”在唐代已然名贵，到了宋代“至今有存者，皆至宝也”。“九霄环佩”琴背上除了苏轼琴诗外，还有**“超迹苍霄，逍遥太极。庭坚”**十字。这两句诗集自晋代葛洪的《神仙传》：“超迹苍霄，乘虚驾浮……逍遥太极，何虑何忧。”讲的是东汉人阴长生，在人间170余年，潜心修炼，白日飞升的故事。作为苏门四学士之首的黄庭坚确有琴铭传世。除“九霄环佩”琴外，宋琴“松风”与“松石间意”也有苏轼题字，但可惜均非真迹。其中“松风”琴的苏轼、黄庭坚题铭较有代表性，是杨宗稷镌刻于琴上的，他认为这是“天然巧合，非作伪也”。“九霄环佩”琴上苏轼与黄庭坚琴铭，学者也多认为是晚近所为，由此看来，苏轼、黄庭坚都未收藏过此琴。

目前，我们从史料中发现“九霄环佩”琴最早的收藏者是南宋的节度使吴琚。吴琚是南宋汴梁人（现河南开封），宋高宗吴皇后之侄，太宁郡王吴益之子。宋宁宗庆元年间（1195—1200），他以镇安节度使留守建康（今江苏南京），世称吴七郡王。吴琚少有嗜好，常以临帖自娱，因此字写得极其工整，至今仍有《寿父帖》《杂诗帖》等书法作品传世，收藏于故宫博物院。吴琚擅长填词、作曲，宋孝宗淳熙九年（1182）八月十八日，孝宗请太上皇（高宗）观潮，其间歌舞百戏，各呈伎艺。太上皇喜道：“钱塘形胜，天下所无。”孝宗答曰：“江潮亦天下所独。”于是宣谕群臣，各赋《酹江月》一曲，至晚呈上，以吴琚为第一。吴琚还颇有胆识，他曾出使金国，金人曾言：“南使中惟吴琚言为可信。”

到了元代，“九霄环佩”琴不知为谁所收藏。但元人陶宗仪在《南村辍耕录》中有“冰清”“春雷”“混沌材”“万壑松”等名琴二十八张，其中最后一张便是“九霄环佩”琴。

明代林有麟的《青莲舫琴雅》也记有“九霄环佩”琴名，明人张应文在《清秘藏》中说：

“九霄环佩，未知何时人斫？”

清康熙年间的《五知斋琴谱》是近300年来流传最广的琴谱。在这本琴谱的“琴背选刻字样”一节中，第一个列的便是“九霄环佩”琴，可见清人对它的重视。

不知何故，清代陈元龙在《格致镜原》中说：

“九霄瑜佩，吴琚节度使所蓄雷氏古琴名。”

不知为何陈元龙将琴名“九霄环佩”记为“九霄瑜佩”，据清人李调元考证“九霄瑜佩”琴的斫制者是唐代的雷文，有诗为证：

“雷威造有‘松雪’字，雷霄制有‘松风’声。‘玉涧’名泉雷迅斫，‘九霄瑜佩’雷文成。其余雷盛与雷珏，不出‘灵开’偕‘冰清’。不知二琴是何关系？”

唐·『九霄环佩』琴黄庭坚、叶诗梦琴铭

清末，“九霄环佩”琴再次回到皇亲国戚的手中。这次它的主人是慈禧皇太后之侄、两广总督叶赫那拉·瑞麟之子、内务府大臣怀塔布（与李鸿章结为亲家）之弟**叶赫那拉·佛尼音布**。

辛亥革命之后，叶赫那拉·佛尼音布改名**叶潜**，号**诗梦居士**，有师孟之意。“九霄环佩”琴铭中：“**泠然希太古，诗梦斋珍藏**”及“**诗梦斋印**”便是他镌刻的。“泠然”常被用来形容琴音清越，“希太古”可能是取元人胡布“不逢鸿荒世，仰希太古民”之句。

高罗佩绘·《叶诗梦小像》

叶诗梦早年在广东师从刘蓉斋、与古斋祝氏、张静芗等人学琴；回京后，又同琴家孙晋斋父子、张瑞珊等人学琴二十余年，琴学功力精湛。他编有《诗梦斋琴谱》，收有一百余张名琴，且能制琴；还培养出汪孟舒、管平湖、高罗佩（荷兰）等数位20世纪公认的琴学大家。

叶诗梦琴学渊源极深，幼时以《五知斋琴谱》为法学琴。20岁游盘山时，他避雨于万松寺之际，居然在僧舍中发现了《五知斋琴谱》编印者之一周鲁封的“昆山玉”琴，寺僧慨然相赠。《五知斋琴谱》载有“琴斋宜备八则并附收琴修琴法”一则，记有以紫檀木或花梨木替换旧琴护轸之法，“九霄环佩”琴的护轸便依此法，换为紫檀木轸。

1900年"庚子之乱"，叶诗梦所藏之琴遗失殆尽，"庚子后只余六张"，所幸"九霄环佩"琴仍在。

1920年，该琴又被琴学大家黄勉之弟子、逊清宗室、红豆馆主**溥侗**所得。溥侗是清乾隆帝十一子成亲王永瑆之曾孙，自幼在上书房读书，琴、棋、书、画样样精通，能奏《流水》等曲。

后来，溥侗举家南徙移居上海，"九霄环佩"琴被转让给同在上海的收藏家、文学家**刘世珩**。刘世珩为清光绪年间广东巡抚刘瑞芬之子。"九霄环佩"琴凤沼上方的"**三唐琴榭**"和下方的"**楚园藏琴**"便是刘世珩所刻。1926年，刘世珩病逝于上海，将琴传给自己的儿子**刘之泗**。之后，"九霄环佩"琴又转让给晚清四川总督刘秉章之子**刘晦之**，这是"九霄环佩"琴最后的私人藏家。

1952年，时任文化部文物局局长的**郑振铎**将"九霄环佩"琴从上海刘氏手中收购，并划拨**故宫博物院**收藏。

刘世珩（上）溥侗（下）

唐代名琴『大圣遗音』的背后

古琴是中国最早的弹拨乐器之一，
它也是古时文人心中高雅的代表，
琴音悠远，
高山流水遇知音的佳话流传至今。
古琴历史几乎和中华文明一样悠久，
有文字可考的历史达三千余年，
据《史记》载，
琴的出现不晚于尧舜时期。

在中国文人历史中，
“琴、棋、书、画”
一直被视为文人雅士修身养性的四大必由之径。
“琴者，情也”，
而琴被认为是最能抒发情怀之物。
“春雷”“黄鹄”“万壑松”
“大圣遗音”“九霄环佩”“枯木龙吟”……

在古代，
几乎每张知名的古琴都拥有自己的名字。
不仅如此，
历代文人还常在古琴上镌刻题铭，
古琴的文化价值愈发厚重。
古琴的这一属性也使得它在众多乐器中脱颖而出，
成为世界上唯一拥有唐、宋、元、明、清各个时期名琴传世的乐器。

唐·『大圣遗音』琴背面（局部）

唐代雷式琴

传世古琴中最古老的是唐琴。

唐琴之所以能够流传有序地保存上千年，主要是由于它们不再采用在琴板上直接施漆的传统方法（靠木漆），而是在上漆之前，先在木坯上蒙一层葛布，然后再刷一层约 2 毫米厚的生漆和灰胎。这样的做法不仅使得古琴有了金石之声，而且延长了使用寿命，使其流传至今。

即使是这样，唐琴传世的仍然不多。据故宫博物院古琴鉴定专家郑珉中先生统计，现存唐琴仅十七张，除一张“**枯木龙吟**”琴藏于美国华盛顿佛利尔美术馆外，其余十六张均藏于国内，这批琴可谓琴界之至宝。

在这传世的十七张唐琴中，“**大圣遗音**”琴因其腹款为“至德丙申”（756），所以被郑珉中先生定为中唐琴的标准器。有了中唐琴标准器，利用比较的方法，唐代古琴的分期就变得更加清晰。郑先生又据北宋陈旸《乐书》中记载，“唐明皇返蜀，诏雷俨待诏襄阳”。推测它很可能是唐代制琴名家蜀中雷氏的宫琴作品。不仅如此，“大圣遗音”琴还是故宫博物院现藏四张唐琴中（“九霄环佩”“大圣遗音”“玉玲珑”“飞泉”）唯一的明清宫廷旧藏琴（其他三张均为 20 世纪 50 年代之后陆续入藏）。因此，“大圣遗音”琴在唐琴中有着特殊的意义。

唐·周昉《调琴啜茗图》 [（美）纳尔逊·艾金斯艺术博物馆藏]

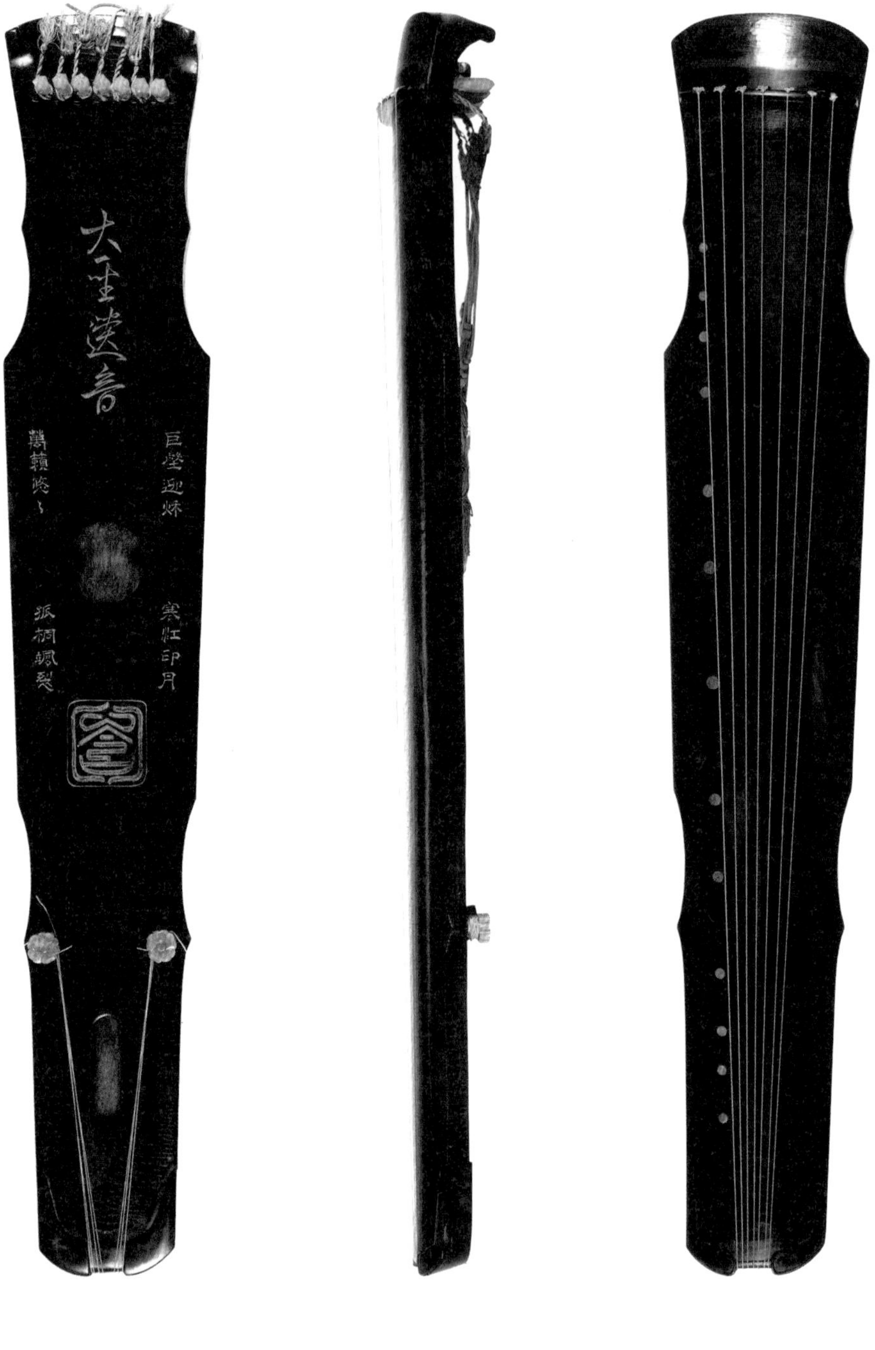

唐·『大圣遗音』琴

故宫博物院藏唐代“大圣遗音”琴为神农式，琴胚以桐木斫成，胚上髹鹿角灰胎，胎上着栗壳色漆，漆面间有零星后补朱漆，漆面发蛇腹断纹间牛毛断纹。琴背龙池上草书“大圣遗音”琴名，两侧刻有隶书琴铭：“**巨壑迎秋，寒江印月。万籁悠悠，孤桐飒裂。**”下方刻篆书“**包含**”大印。圆形龙池，长圆凤沼。龙池腹内四角刻朱漆隶书“**至德丙申**”四字。

至德是唐肃宗李亨的第一个年号，李亨是唐玄宗李隆基的第三子，是唐朝第一位在京外即位的皇帝。至德年号一共持续3年，分别为：元载、二载、三载（756年7月—758年2月），此琴斫制于至德丙申也就是至德元载（756），距今已有1264年的历史。

“安史之乱”爆发的第一年（755），太子李亨被封为“天下兵马大元帅”。第二年五月，长安的最后一道屏障潼关失守；六月十三日，唐玄宗借亲征之名逃出长安；十四日，太子与陈玄礼趁机发动“马嵬坡之变”，诛杀杨国忠，并胁迫唐玄宗赐死杨贵妃。至此，父子二人矛盾公开，玄宗入蜀，太子抵灵武，并于七月在灵武城南门登基。登基后，李亨改年号为至德，将当年改为至德元载，玄宗被推为太上皇。

这张琴就是产生在这样一个风雨飘摇的时代。

但是在1926年故宫文物第一次普查时，这张琴已被放于养心殿南库门后多年，弦轸皆失，岳山崩坏。此时，南库虽放有不少屏风、如意、玉器等物，但房间本身已年久失修，漏雨频频。“大圣遗音”琴光秃秃的琴身上被雨水淋出一层斑斑的锈迹。于是，当点交人员看到它时，便将其记为崑字一〇七号“破琴一张”。笔者翻检当年《故宫物品点查报告》，有“破”字的文物竟达五千余件，所以当时这张破败的琴便没有引起点查人员的注意。

人们常说：“千金易得，知音难求。”这句话用到这张名琴身上是再合适不过了。1945 年，收藏家**王世襄**与师从古琴大家汪孟舒先生学琴的袁荃猷结婚。成婚后，为妻子学琴方便，王世襄还特意请古琴名家管平湖先生做妻子的古琴老师。王世襄曾说：“尽管我五音不全，全无欣赏音乐的能力，听琴只能当一头牛，但我相信管先生的最高天赋是在音乐方面。”就是这种种机缘，王世襄开始了自己的古琴收藏，据《自珍集》与王世襄其他著作记载，王世襄共收藏有古琴十张。而他收藏古琴的高峰期是在 1947 年前后，至少有七张琴入藏“俪松居”：1946 年收锡宝臣旧藏明金声蕉叶式琴；1946 年收关仲航旧藏元朱致远仲尼式琴；1947 年得关仲航赠明凤嗉式琴；1947 年于地安门外万宝兴古玩店收宋朱晦翁（朱熹）藏仲尼式琴；1947 年于秦老胡同曾家收宋“高山流水”仲尼式琴；1948 年收冯恕旧藏宋“松风清节”琴；1948 年收锡宝臣旧藏“大圣遗音”琴。

而正是 1947 年，王世襄担任故宫博物院古物馆科长之时，在养心殿南库看到这张唐代“大圣遗音”琴，并注意到了年款。他十分兴奋，如获至宝，当时便请示故宫博物院院长马衡，于 1949 年请来管平湖先生对其进行修理，在除去水垢、调出声音、配齐金徽玉轸后，管先生又按原来的规制为琴新配了紫檀岳山与焦尾，王世襄特地去古董店为它觅得青玉琴足……至此，唐代“大圣遗音”琴再次声貌并俱，焕然一新！

1949 年以后，此琴修复完整后迁入故宫延禧宫保存，记录中的“破琴一张”也改为“大圣遗音”。而据故宫工程队老师傅说，1958 年养心殿南库大修，之后便不再漏水，现为故宫博物院家具库房。

1960 年 10 月 1 日，郑珉中、顾铁符为故宫博物院藏“大圣遗音”琴定级时，给出的鉴定意见是：**“传世最古之名琴，造型优美别致，色**

彩璀璨古穆，断纹隐起如虬，铭刻精整富丽，不愧是一件天府奇珍，琴中之宝，定为一级品甲。”

故宫博物院现藏古琴中，同名琴的现象不多。而在清宫收藏的古琴中，据档案与史料记载唐代“大圣遗音”琴历史上至少还出现过一张，它出现在已经散佚的《乾隆御题琴谱册》中。

松石流泉间阴森夏
亦寒搆思坐盤跎飄
然衫帶完能者畫其
技勞者趣此间謂宜
入圖畫匝慕竹皮冠
癸酉夏日題

乾隆御题琴

《乾隆御题琴谱册》是《琴曲集成》和《存见古琴谱辑览》的主编查阜西先生（1895—1978）的收藏，最早刊登于中国艺术研究院音乐研究所、北京古琴研究会主编的《中国古琴珍萃》。该册为纸本，现仅存十页，共录有“九霄鸣珮”（宋制，头等三号）、“大雅”（宋制，头等五号）、“金声玉振”（宋制，头等四号）、“龙啸天风”（唐制，头等六号）、“万壑传松”（宋制，头等七号）、“太古心”（宋制，头等八号）、“大圣遗音”（唐制，头等九号）、“丹山瑞哕”（唐制，头等十号）、“天风海涛”（宋制，头等十一号）、“天地同气”（唐制，头等十二号）十张清代宫廷藏琴的详细信息。是雍正至乾隆年间，皇帝与近臣对清代宫廷藏琴进行鉴藏的成果之一。

《乾隆御题琴谱册》的“大圣遗音”琴为唐制，凤嗉式，琴胚由桐木斫成，外髹紫黑色漆，漆面发蛇腹断纹，岳山焦尾均为檀木，金徽玉轸，圆形龙池，方形凤沼，琴额有乾隆御赏玺一。琴背上刻行书“大圣遗音”琴名，左右为行书：**“师襄之琴，桐古年深。临风一鼓，大雅遗音。”**下有清和印一。外套乾隆辛酉年制琴匣，琴匣上有乾隆御制诗一，乾隆御题玺一，永保用之玺一，皆为隶书。匣内有楷书素笺一，为梁诗正、唐侃的鉴定意见：**“长江大河，虚徐演荡。包涵万象，留三代之元音。可谓超众上而独妙。拟头等九号，臣梁诗正、唐侃同审定。”**

乾隆初年内府藏琴的这次评级活动结束后，连同这张“大圣遗音”琴在内的宫廷藏琴，被放置于何处呢？乾隆年间尚未发现明确的档案记载。清代宫廷成批藏琴存放地点的记载直至道光十九年（1839）才出现。道光十九年《静怡轩库收陈设档》中有**“漆琴二十三张，古铜琴四张”**的记载，光绪二年（1876）《静怡轩抚宸殿现设陈设档》中也有同样的记载，说明这批琴仍陈于此。“音朗号钟”琴匣内曾有纸条一张，上书：

“光绪九年（1883）九月十一日长春宫小太公谢文玉传静怡轩铜琴一张随匣子，九月二十二日小太公李文太交下铜琴一张，面破坏，匣子留。”若“音朗号钟”与这批琴为同一批琴的话，那么，这批琴应该自乾隆初年起一直存放于此处。静怡轩位于故宫西北部，本为乾隆帝为其母守制而建，后被作为建福宫的寝宫。乾隆帝写有《御制题静怡轩诗》：

“琴书个中富，间亦陈鼎彝。”

可知静怡轩中确有古琴收藏。乾隆帝还曾命人在园中植梅两株，并于轩中藏《石渠宝笈》所载之部分书画，若在此处藏琴，可谓再合适不过了。

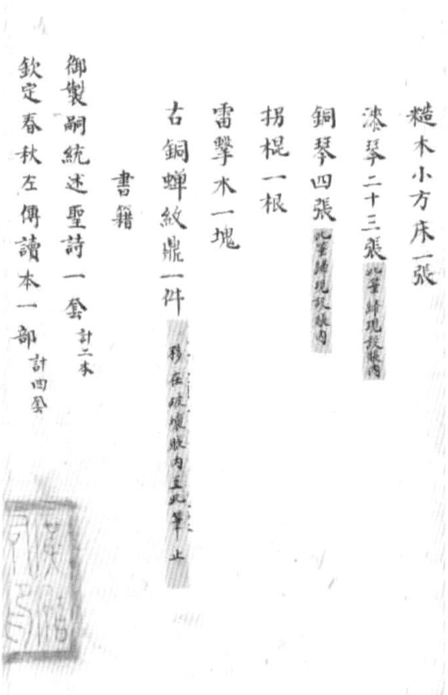

糙木小方床一張
漆琴二十三張 北峯歸現設殿內
銅琴四張 北峯歸現設殿內
拐棍一根
雷擊木一塊
古銅蟬紋鼎一件
書籍
御製嗣統述聖詩一套 計二本
欽定春秋左傳讀本一部 計四套

光绪二年立静怡轩抚宸殿漆琴二十三张，铜琴四张档案

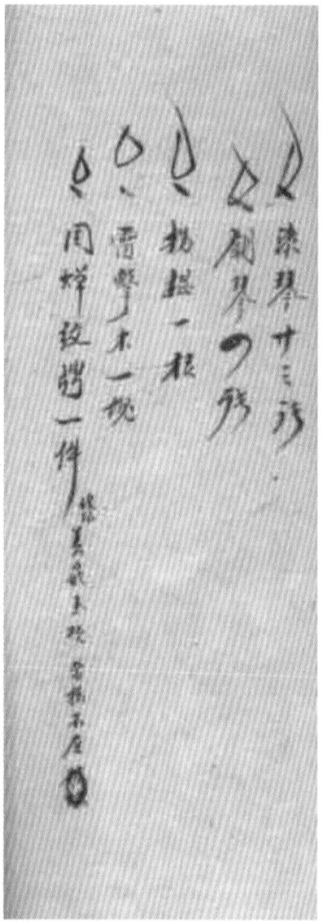

一漆琴廿三張
一銅琴四張
一拐棍一根
一雷擊木一塊
一周蟬紋鼎一件

道光十九年静怡轩库收陈设档漆琴二十三张，铜琴四张

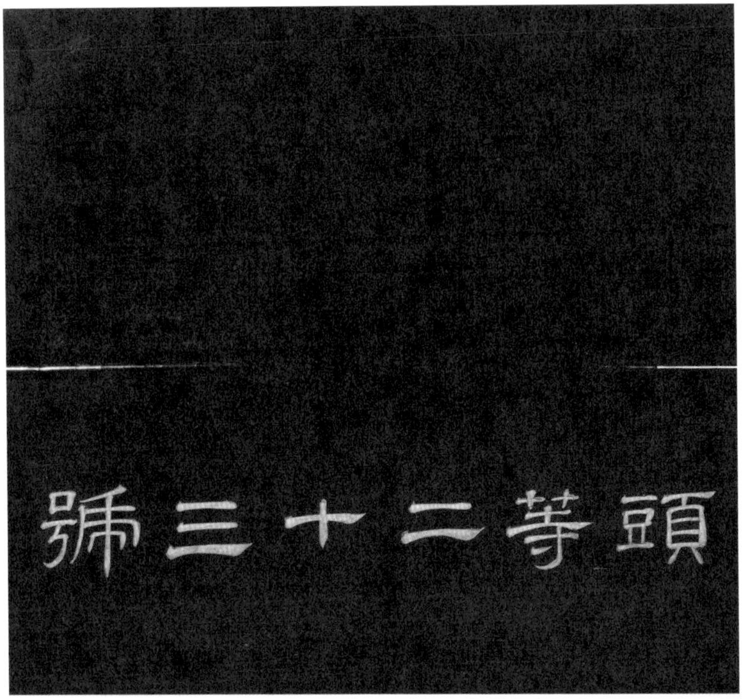

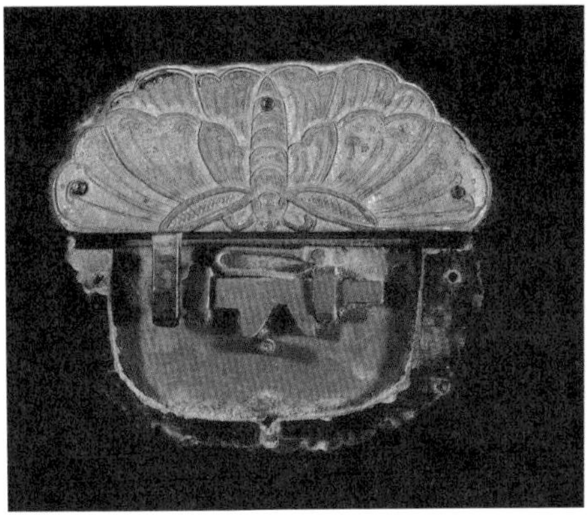

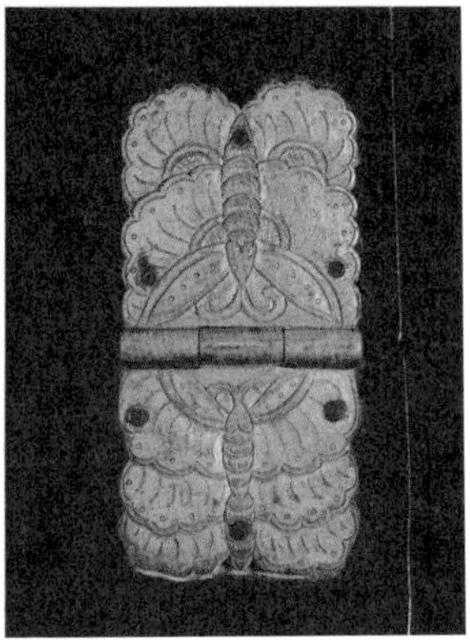

『音朗号钟』琴匣（右）局部（左）

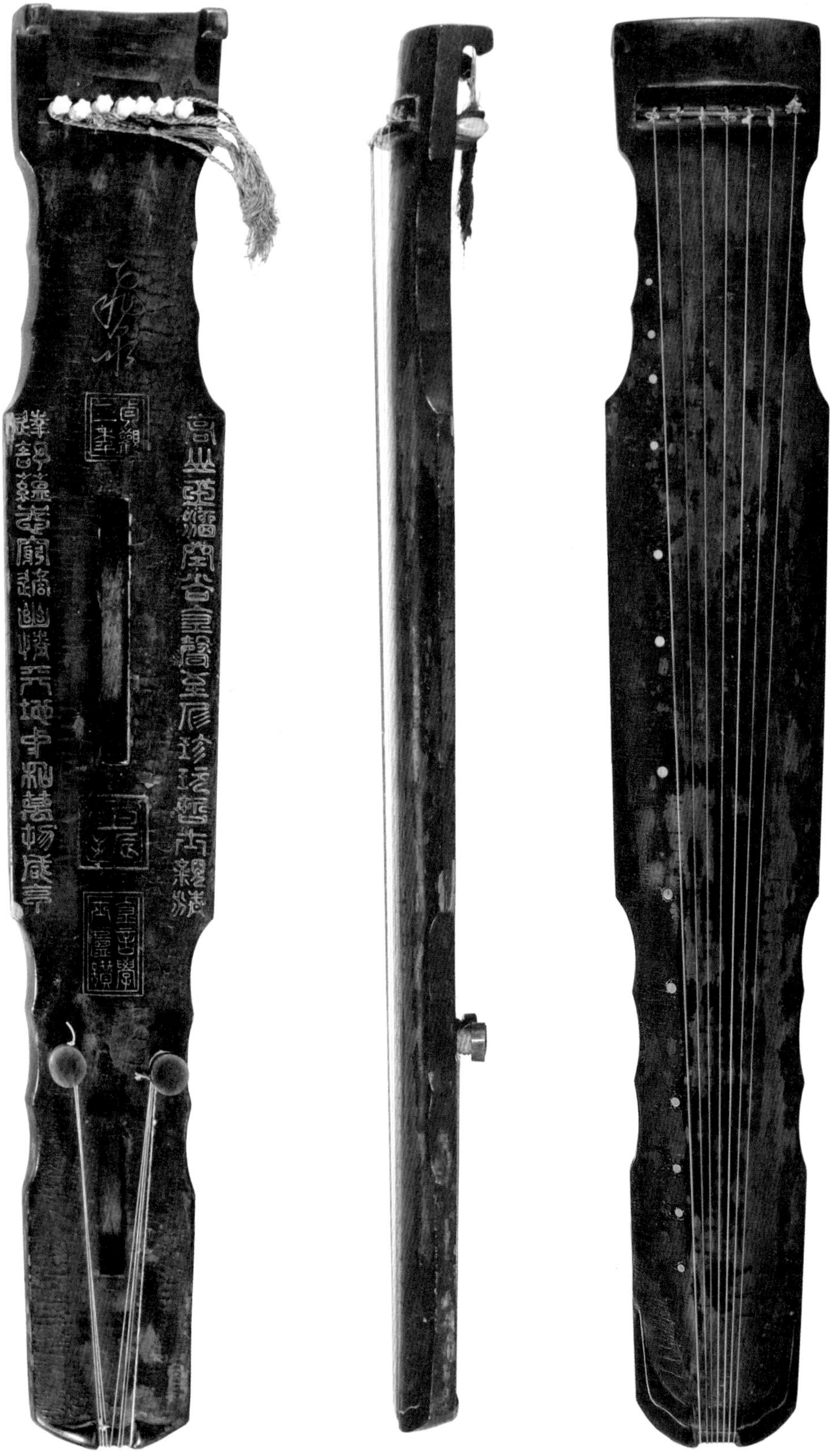

「飞泉」琴背面、侧面、正面图 ［故宫博物院藏］

受琴却剑：唐琴『飞泉』的前世今生

『小榻琴心展，长缨剑胆舒。』

成为一个『琴心剑胆』之人，

是我国古代文人的追求之一。

在传世唐琴中，

有这样一张琴，

由于文献失载，

我们已无从稽考它在清中期之前一千余年的流传史。

但是，

在百余年的辗转流传中，

它与『琴心剑胆』越走越近，

甚至演化出『受琴却剑』的四字词语……

李伯仁受琴却剑

1912年，刚刚在辛亥革命战斗最激烈的阳夏保卫战中，因率领舰队炮轰冯国璋部而立下赫赫战功的**李伯仁**，来到北洋政府北京海军部任职。当时的李伯仁26岁，血气方刚。来京后，他专门寻至宣武门城南的一条小巷子里，找到当时北京最知名的琴师黄勉之，拜师学琴。黄勉之号称“广陵正宗”，晚清军机大臣张之洞、皇亲国戚溥侗、古琴大家杨宗稷都是他的学生。自此，李伯仁开始了他一生的琴缘……

一天，旅居燕京的李伯仁遇到一位壮士，自称父病，无力购汤药，携家中之宝：一剑、一琴求售。拔剑出匣，光芒逼人，取铁试之，如削泥一般。琴古朴典雅，金徽玉轸。岁月如刻刀般在它身上划出如蛇腹般的断纹。上手弹之，有金石之响，可谓神品。龙池上刻草书“**飞泉**”琴名，下刻“**贞观二年**”（628）方印。龙池下刻

1935年3月，李伯仁（第二排左四）参加南京青溪琴社雅集时与同人合影。

「飞泉」琴背面侧面图解

两方篆文印：一为“**玉振**”，一为“**金言学士卢讚**”。古琴鉴定家郑珉中先生认为：“贞观二年”印与“金言学士卢讚”印为后刻，卢讚为五代至北宋时期人，按此琴的特征看，应为晚唐雷氏作品。龙池两侧刻篆书琴铭：“**高山玉溜，空谷金声。至人珍玩，哲士亲清。达舒蕴志，穷适幽情。天地中和，万物咸亨。**”说的是此琴的声音如高山中的清泉，空谷中的金石一般。只有贤明有智之人才能拥有这张琴。君子达则兼济天下，穷则独善其身。真正做到这一点便能顺应天地之和，通达万物之情。

李伯仁当即赠壮士百金，受琴却剑，说道：“琴吾所嗜，姑置吾所。剑君之宝，宜珍用之。”壮士大喜过望，为他拔剑起舞。壮士剑术极高，但见一道寒光织成剑网，几乎笼罩其人。舞毕，壮士轻轻摸了摸琴，依依不舍地将它抱给李伯仁。李伯仁问壮士姓名、住址，他均不肯语，惘然而去……

高阳侠剑舞“双龙”

得琴之后，李伯仁发现琴漆面有部分脱落，便找到了当时的修琴高手**张虎臣**。他曾制琴数百张，修琴能做到剖腹而不损音色，髹漆而不碍断纹。由于技艺精湛，他常有机会修名琴，曾为杨宗稷先生修宋仲尼式“雪夜钟”琴、为李自芳先生修明仲尼式“中和”琴，等等。因此，张虎臣对当时京城各家藏琴都比较熟悉。一见此琴，张虎臣便说：“这是我小时候在来薰阁所见之物。时间已经过去了 60 年，它还在京师吗？原来为晚清刑部某主事所藏，因他不善琴，只当作字画张挂。现在又是怎么到您手里的呢？”

来薰阁是清咸丰年间（1851—1861）京城琉璃厂有名的古琴店，专门经售各类古琴。当年，十几岁的张虎臣在来薰阁做学徒时曾见过这张“飞泉”琴。在买卖古琴的同时，张虎臣还跟随古琴大家张瑞山（与《老

残游记》作者刘鹗合著《十一弦馆琴谱》）、孙晋斋（著有《以六正五之斋琴谱》）两位先生学琴。学成后，张虎臣独自开办义元斋，为人修琴，并出售墨盒、眼镜等物。此时，李伯仁到的便是义元斋。当李伯仁把受琴却剑的故事讲给张虎臣听后，他吃惊地问："剑上有无双龙呢？"李伯仁答："隐约有之。"张虎臣说："此高阳剑侠之子，父子均万人敌。君幸受琴而却剑，剑非君力所能得者。然其父病果愈，必更以剑至谢君。"第二年，壮士果携剑而来，称父病愈，愿将剑作为寿礼，李伯仁坚却之，壮士乃持剑长揖而去，自此一别，再无相见。

李琬玉指琴而逝

那么，李伯仁是何时得到"飞泉"琴的呢？李伯仁曾在1929年1月16日的日记中写道："忆十年前，携'飞泉'偕敬甫至此共留一影。"

东晋·顾恺之绘《斫琴图》（宋摹本） [故宫博物院藏]

可知1919年他曾携“飞泉”琴与友人出游，所以说李伯仁得琴时间最晚不超过1919年。

李伯仁先随黄勉之先生学琴，后随同黄勉之学生、“九嶷派”开山祖师杨宗稷学琴。李伯仁藏有名琴十余张，因此“飞泉”琴被他发现，绝非偶然。

20世纪20年代，李伯仁曾将“飞泉”琴送给他的女儿李琬玉使用。李琬玉是北平艺专的高才生，善绘仕女；曾随其父学习古琴指法，后从杨宗稷先生学琴，习得《潇湘水云》《流水》等曲。李伯仁也曾亲授其《胡笳十八拍》，不数日竟得节奏。1928年，年纪轻轻的婉玉因病而亡。垂危之时，她望父归来，指“飞泉”琴而逝，令人唏嘘！

1931年8月10日，李伯仁曾再次为“飞泉”琴张弦。之后，他的日记中，便再也未见“飞泉”琴的记载。1940年，他的好友雷渝在“万壑松风”琴铭中写道：“（李伯仁）**及丁丑（1937）去金陵，琴书彝器丧失过半，惟兹孤桐得相偕归隐于蓉峰下。**”据此可知，1937年李伯仁离开南京时曾有半数古琴、图书、铜器丢失，不知此时“飞泉”琴是否还在李伯仁手上。

程子容献“飞泉”琴

1944年，41岁的**程子容**（1903—1995）已随古琴大家**管平湖**先生学琴多年。他曾担任北平阜民建筑公司经理等职，颇有资财。这一年，东城区古玩商人唐绍武用一张唐琴作为借款的抵押存入后门大街平易银号。平易银号经理徐子才知程子容爱琴，便据实相告。程子容闻讯，就近携琴至帽儿胡同找琴家**夏莲居**先生鉴定。夏先生看后认为此琴甚古，但索价甚高，又请来管平湖先生相看。管先生看后，认出这是同门李伯仁先生旧藏，杨宗稷先生断为鸿宝的唐代“飞泉”琴。至此，程子容收琴之意遂决。无巧不成书，恰好程子容的朋友，当时的建筑工会主席宋华清与唐绍武为结拜兄弟。几经磋商，最终程子容以半价五万元联银券（伪币）收此琴。要知道当时买一张明代琴不过只需数十元而已，这张琴在当时也算是天价了。

琴买来后，程子容觉其发音不甚理想，便带至管平湖先生处，管先生按修治唐代“清英”琴之法修治此琴。不想就在 1945 年抗战胜利后，程子容因曾被迫担任伪华北新民会北平总会主计局局长而身陷囹圄。管平湖先生赶紧将爱徒的名琴保护起来，将它交给自己最得意的弟子使用，名义上琴已归他所有。1947 年，该弟子参加革命，又将此琴交付师弟保管。北平琴会的多位琴友也在此时得以抚弄此琴，琴家们还专为此琴的铭文制作了拓片。1949 年北平解放后，程子容无罪释放，“飞泉”琴回到主人手中。

管平湖先生用唐琴清英演奏。

1966年，程子容被遣回原籍（山西省平陆县）务农，遣返时他因妻子重病同行，携琴不便，特意将琴交付给在京执教的长子程世佐保管。程世佐为在动乱年代保护好这张琴，便将琴放入丝棉琴套，再装入琴盒，而后用棉线把琴盒拴在床板之下，“十年动乱”之中，才得以人琴俱安。1976年7月，河北唐山发生大地震，程世佐北京的住房外山墙塌倒半片，所幸人琴无恙。为护琴周全，程子容赴北京，携琴返晋。

1979年夏，程子容的老同学、时任中共中央组织部副部长毛铎来山西运城考察工作。当时，已76岁高龄的程子容与子女商量后，决定将“飞泉”琴捐献给国家。于是，他写信请毛铎转交国务院：

我有唐贞观二年（628）琴。名曰“飞泉”，千年古物稀世之珍，我已暮年，为保存文物不使流落毁坏并庆建国三十周年，拟捐献国家。并赋诗一首作为简介：

捐献飞泉古琴

我有飞泉琴一张，贞观二年著初唐。
形制富丽出内府，声音雅润叶宫商。
焦尾久虚存名字，四化日新见文章。
同庆建国三十年，也教逸响为国光。

1980年5月，程子容接到国务院国家文物事业管理局的通知：“接受捐赠，欢迎寄京。”程子容将琴送至北京，故宫博物院专门为他举办了献琴颁奖仪式，向其颁发奖状和奖金（人民币1000元）。

1984年，中央人民广播电台专门制作了程子容献琴事迹的节目，并在节目中播放了他用“飞泉”琴演奏的曲目。在制作这期节目之前，“飞泉”琴已被定为国家一级文物，按照规定是不允许演奏的。但根据节目需要，

20世纪80年代，程子容用『飞泉』琴演奏。

故宫博物院破例请程子容两次来故宫录音，这也成为故宫文物收藏史上少有的演奏文物的实例。

2010年5月28日，程子容先生捐献“飞泉”琴30周年之际，其家人专程来故宫博物院观摩“飞泉”琴。故宫博物院的老师热情地接待了程氏一家，现场还播放了程子容先生1984年用“飞泉”琴演奏的《流水》和《平沙落雁》两曲。

宋琴

第二章

羲皇人已杳，留此混沌材

——北宋『混沌材』琴的故事

有这样一张古琴，

它由北宋名臣、有『殿上虎』之称的刘安世斫成，

迭经南宋著名琴家毛仲翁、清初著名琴家周鲁封重修，

又经 20 世纪净宗大德夏莲居收藏，

进而入藏国家博物馆，

可谓流传有序。

此外，

它还有一重特殊的身份，

它与高丽（朝鲜半岛古代国家名）传入中原的一张名琴同名。

这张琴便是北宋名琴『混沌材』。

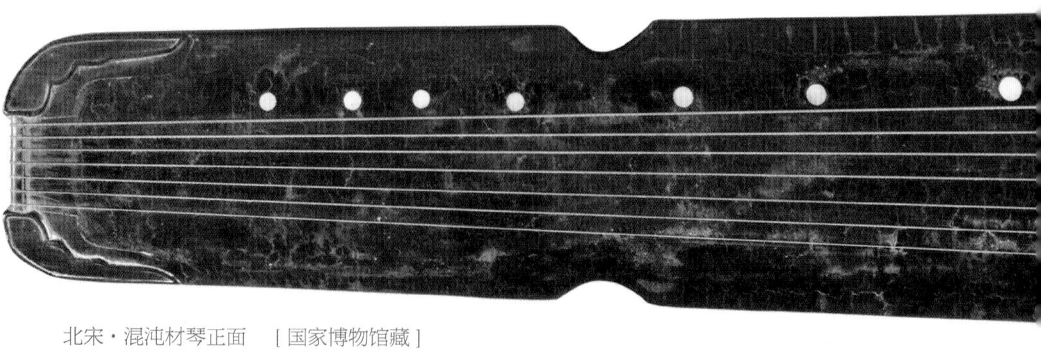

北宋 · 混沌材琴正面　[国家博物馆藏]

传承有序留珍宝

“仪状魁硕，音吐如钟”的刘安世（1048—1125）是北宋后期名臣。他师学于司马光，司马光曾对自己待人接物的经验进行过总结，他说：“吾无过人者，但平生所为，未尝不可以对人言。”足见其做人之磊落。司马光对刘安世也寄予厚望，“教之以诚，且令自不妄语始”。刘安世受老师影响极深，他正色立朝，扶持公道，常在金殿之上面折廷争，就算皇帝盛怒，也毫无惧色，“执简却立，伺怒稍解，复前抗辞”，是时人无不敬慑的“殿上虎”。他严于律己，“家居未尝有惰容，久坐身不倾倚，作字不草书，不好声色货利”。因此，刘安世赢得了不少文人的尊重。苏轼、苏辙兄弟与其相交甚深，用《门下侍郎苏公墓志铭》（传刘安世为苏辙所作墓志铭）中的话说：“在谏职五六年，下交夫予者固不乏人，其最笃惟苏氏兄弟。”

就是这样一位铁骨铮铮的汉子，史籍中却并没有留下多少他演奏古琴的资料。不过幸运的是，国家博物馆收藏的北宋名琴“**混沌材**”腹内刻有这样的腹款：左为隶书“**刘安世造**”，右为楷书“**毛仲翁修，周鲁封重修**”。

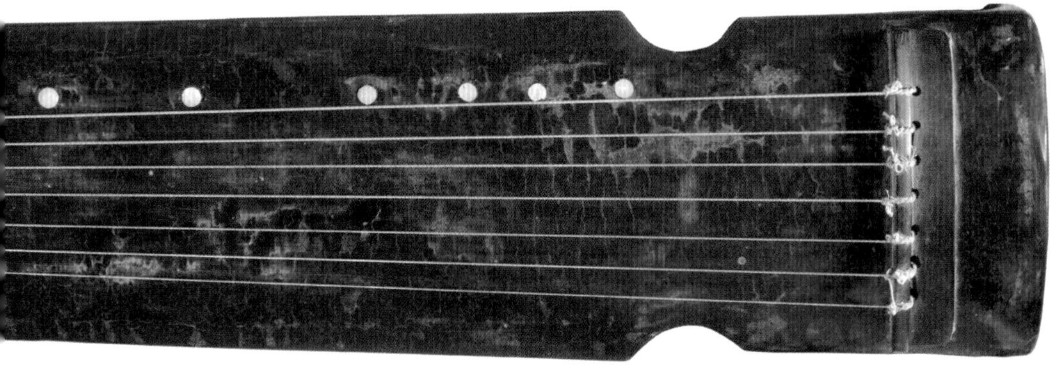

古琴界泰斗郑珉中先生在《两宋古琴浅析》中曾言：“**刘安世有二，其一为晋人，其二为北宋时人，从学于司马光，徽宗朝知真定府。为蔡京所忌，谪陕州。混沌材应为此人所制。**”

除刘安世外，腹款中还提到两人，其中一人是**毛仲翁**，他是南宋著名琴家。《文会堂琴谱》《琴谱大全》《太古正音琴经》《琴谈》《五知斋琴谱》中均有毛仲翁的记载。《五知斋琴谱》中说：“毛仲翁，宋人，作《列子御风》《山居吟》《古涧松山》《易水慨古引》《隐德》《凌虚吟》。”有如此多的作品传世，足见毛仲翁琴学水平之高。《太古正音琴经》中还说他“宋季名于琴”。“宋季”一般指的是南宋度宗（1265—1274）、恭宗（1275—1276）、端宗（1276—1278）、怀宗（1278—1279）四代 15 年间。也就是说毛仲翁在南宋末年以擅弹古琴而闻名。此时，距刘安世造琴已有近 150 年的时间，想是此琴历尽沧桑已有些许损坏，因而毛仲翁得到这张琴后，对它进行了修理。

混沌材琴琴头

腹款中提到的第三个人是**周鲁封**，他是清初著名琴家，字子安，燕山人。周鲁封自幼喜爱礼乐"每闻古之君子礼乐，斯须不可去身"。但是由于少壮时"涉历车尘马迹间"为生活而奔波，直到40岁之后，才又重新捡起了儿时的爱好——演奏古琴。这时正好赶上徐越千自江苏南京来到安徽，徐越千是德才兼备的雅士，其父徐大生更是名震京师，可谓当朝挥弦首推之人。于是，周鲁封便跟随徐越千先生学琴，陆续听徐越千演奏了《塞上》《胡笳》《洞天》《鸥鹭》等三十余首琴曲后，周鲁封深受触动，除感叹徐越千演奏水平之高外，还深知徐家曲谱流传之不易，便请求徐越千将家藏曲谱公诸海内同好。徐越千所藏乃其父徐大生之谱，这些曲谱是徐大生遍访燕、齐、赵、魏、吴、楚、瓯、越诸地，前后历时30年方成。康熙八年（1669），徐越千便打算刊刻，但一直未能成功，直到遇到周鲁封，由他负责刊印，并请他参与重新校订。这本曲谱才最终于康熙六十年（1721）刊印出来，叫作《五知斋琴谱》。由于考证精微、指法相尽、见解独到，它成为广陵派乃至300年来流传最广的琴谱，而周鲁封正是《五知斋琴谱》能够顺利出版的主要促成者。

混沌材琴琴尾

除腹款外，**“混沌材”琴名**以楷书的形式刻于轸池下方，琴名下方还刻有行书琴铭：**“羲皇人已杳，留此混沌材。想是初开辟，声音妙化裁。完然一太璞，解愠阜民财。不凿庄生窍，古风尚在哉。会稽黄镇仲安跋于皖江。”**

那么，写下这首琴铭的黄镇（字仲安）又是谁呢？黄镇与徐越千、周鲁封同为清代康熙年间古琴家。少壮时黄镇曾于江苏南京汪安侯、罗子敬两位先生处学琴，回到安徽后与周鲁封一见如故，二人遂成挚友。后又同周鲁封一起接待了徐越千，三人一起考证古乐，商讨可成楷模的古谱，终于完成了《五知斋琴谱》的刊印。因而《五知斋琴谱》前言写有：“古琅老人徐祺大生（字大生）鉴定；会稽黄镇仲安参订；男，俊，越千校；燕山，周鲁封子安，汇纂。”黄镇、周鲁封不仅参与了《五知斋琴谱》的校对工作，还都为《五知斋琴谱》创作了序文。

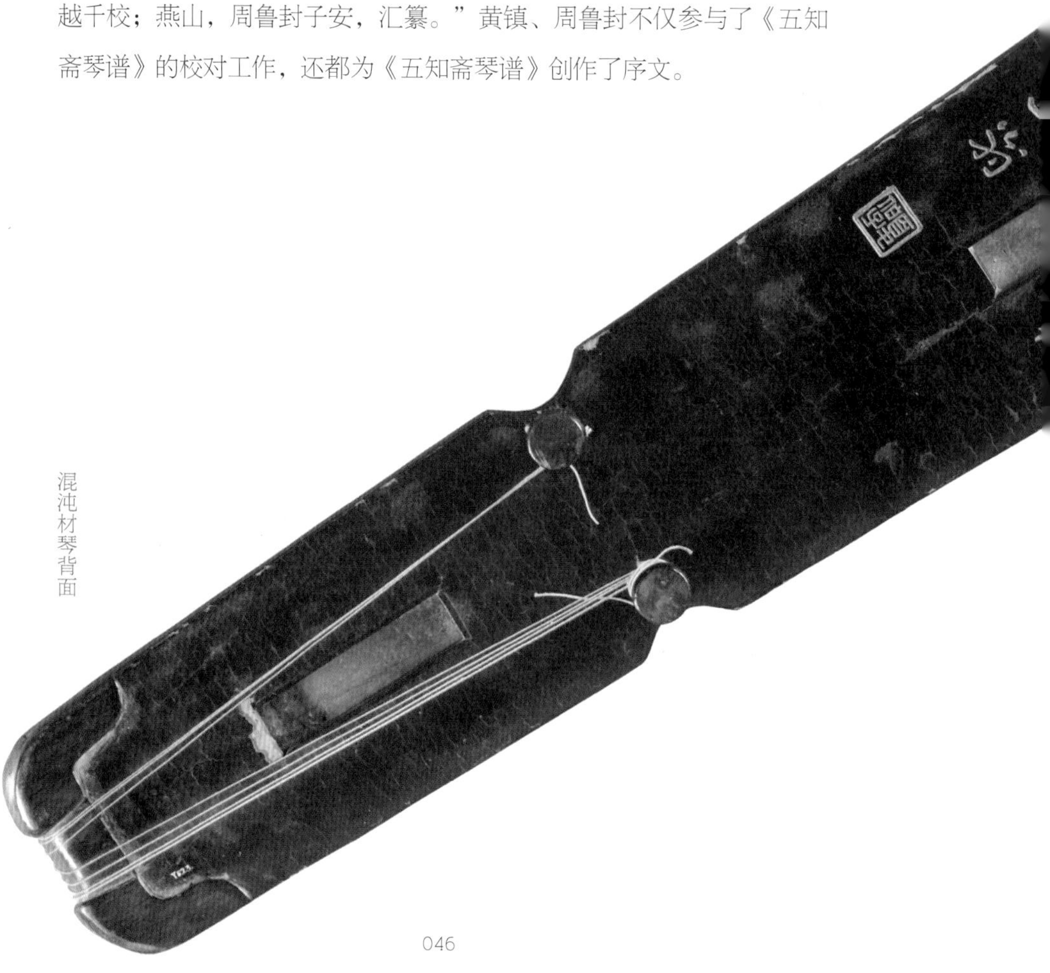

混沌材琴背面

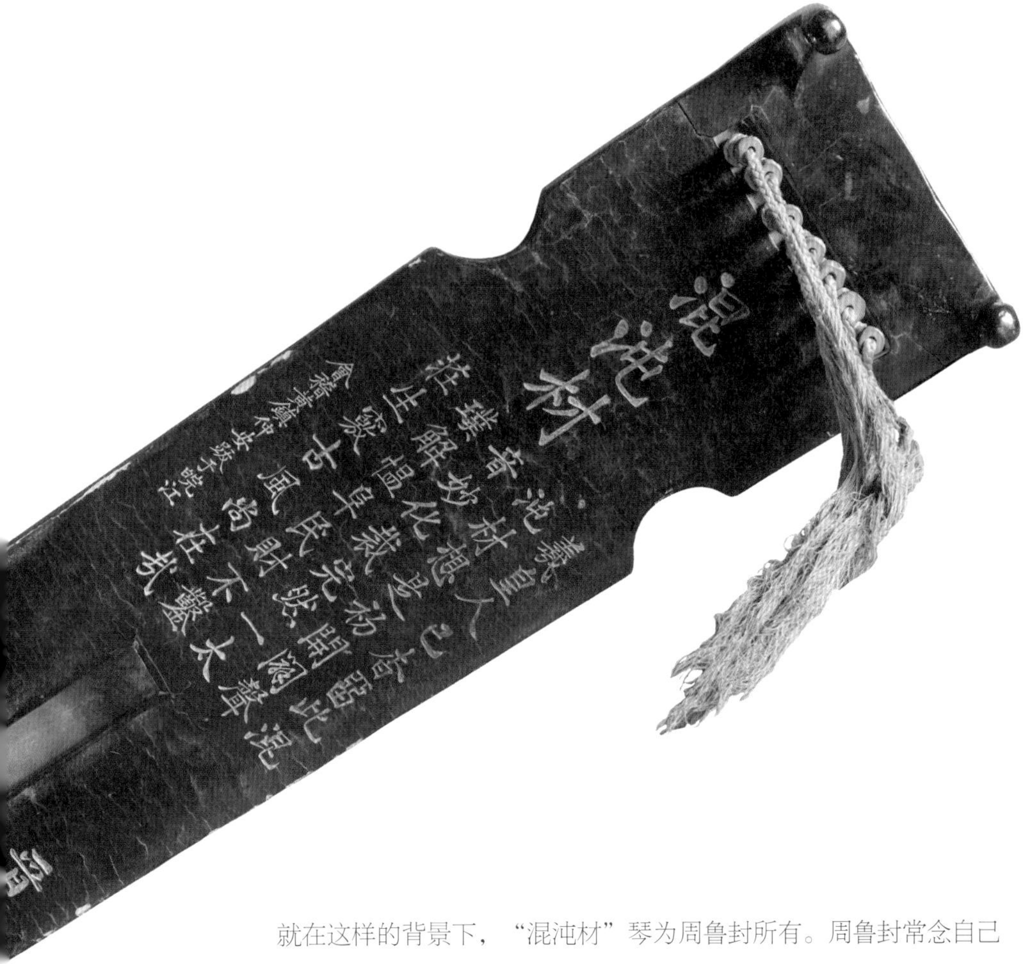

就在这样的背景下，“混沌材”琴为周鲁封所有。周鲁封常念自己没有好琴，“勿获一亲峄桐之响”，此时终获一张好琴，但已距毛仲翁收藏此琴又过了500年的光景，此琴在时光中穿梭，身上难免有些损伤，周鲁封对它进行了重修，修好后又叫好友黄镇题铭其上，琴铭中说伏羲等创制古琴的名家虽已不在，但还好有“混沌材”琴传世，可见二人对此琴的钟爱。

又过了200余年，“混沌材”琴传到了叶诗梦（1863—1937）先生女弟子白达斋手中。叶诗梦是清末民初古琴大家，他是慈禧太后之侄，曾收藏有不少古琴，20岁时他“偶游盘山，值暴雨，宿万松寺，获周鲁封修仲尼式百衲琴昆山玉”。白氏后将“混沌材”琴赠予其好友骆氏，汪孟舒先生《春雷琴室卷》由孙宋若代骆氏书题跋中，记载了赠琴之事。骆氏与古琴家夏莲居（1884—1965）比邻而居，正所谓远亲不如近邻，骆氏故后，琴归夏氏所有。夏莲居本名夏继泉，字溥斋，号渠园，又号一翁，为云南提督夏辛酉长子，后在家修行，为净宗大德。“混沌材”琴龙池左右之“一翁”“夏伯子”“晋刘世安作”为夏氏所为。清代学者程允基所撰《琴谈》中有：“刘安世琴名云泉，遇仙女授《江南春》《塞上月》。”但其前后文所记为阮籍、左思、阮咸等魏晋时期人物，可知程允基所说的可能是“晋人刘安世”，这位刘安世有一张叫作“云泉”的古琴，还跟随仙女学到了《江南春》和《塞上月》两首琴曲。夏莲居认为此琴为“晋代刘安世所作”。

夏莲居先生也是有根据的，郑珉中先生曾言《五知斋琴谱》琴式图中“云泉”琴与“混沌材”琴造型相似，而“云泉”琴为“晋刘安世作”，夏氏从之，故有此题。同时，郑先生指出“混沌材”琴与《五知斋琴谱》所列之宋毛敏仲“昭美”式琴完全一致，且下注有“古云宋扁”，据此推知，“混沌材”琴的存在是宋扁古琴之最早例证，因“混沌材”琴胚上施鹿角杂松石八宝灰胎，因而可推测出“八宝灰”产生的具体年代。

“混沌材”琴形制为伶官式样。明代胡文焕编纂的《文会堂琴谱》中说：“所谓伶官琴者，因黄帝命伶伦制律，参祀上帝，故古以太常为伶官，非俳优也。”也就是说伶官式琴来源于黄帝时的乐官伶伦，因此所谓“伶官”指的是太常寺官员，而不是优伶。而且在古代优伶是不敢鼓琴的。

1958 年，夏莲居将此琴捐赠给国立北京历史博物馆（国家博物馆的前身），从此，“混沌材”琴进入博物馆收藏的序列。

高丽异宝“混沌材”

清代陈元龙的《格致镜原》一书中记载：

“琴苑宣和殿百琴堂有琴名黄鹄秋，又有琴名混沌材，上宝之。”

据这条文献记载可知，历史上出现过一张“混沌材”琴，曾进入过北宋徽宗的宣和殿百琴堂，成为宋徽宗的古琴藏品，而且宋徽宗十分喜爱这张琴。不知这张徽宗内府藏琴与传世的“混沌材”琴有无关联?

宋代周密所撰《云烟过眼录》又云：

“又有所谓混沌材自高丽来，亦异宝也。”

可知，宋代时还有一张从高丽传来的古琴也叫“混沌材”。这张高丽古琴在当时已十分珍贵，被称作“异宝”。

朝鲜半岛与中原王朝的音乐交流古已有之，且十分频繁。古琴传入朝鲜半岛也较早，据朝鲜史料《新罗古记》记载：“初，晋人以七弦琴送高句丽，丽人虽知其为乐器，而不知其声音及鼓之之法，购国人能识其音而鼓之者，厚赏。”有学者认为这条文献中所指的晋人是东晋人，因为西晋存续的50年中持续受到北方匈奴的侵扰，与高句丽联系并不密切。而东晋时高句丽与东晋共同受到前燕（284—370）的压制，高句丽曾分别于336年、343年两次遣送使节赴东晋，而东晋也曾积极与其交往，因此才有了东晋时七弦琴东传高句丽的记载。

巧合的是，据今天的考古材料来看，我们现在见到的古琴形制魏晋时期已然出现，因此东晋时传入高丽古琴的形制，宋代时仍然流行。

韩国史料中也有高丽光宗时代（945—975）曾派遣使臣到中国（大致相当于北宋早期）请派乐士和乐器的记载。此时距东晋时期已有五六百年的历史，高丽人能够制造出作为异宝的“混沌材”琴也不是没有可能的。

而就在北宋徽宗年间，宋徽宗曾于1114年和1116年两次将500余件套乐器、乐谱作为礼品赏赐给高丽王。

《宋史·外国三·高丽》中记载：

“政和中（1111—1117），升其（高丽）使为国信，礼在夏国上，与辽人皆隶枢密院；改引伴、押伴官为接送馆伴。赐以大晟燕乐，笾豆、簠、簋、尊罍等器。”

据这条史料我们可以知道，徽宗时还曾提升了高丽使节的等级，以示对高丽的重视。那么，为何徽宗会如此慷慨地将500余件套乐器、乐谱送给高丽王呢？

1124年出使高丽的徐兢回国后写成《宣和奉使高丽图经》一书，书中记载：

“熙宁（1068—1077）中，王徽尝奏请乐工诏往其国，数年乃还……比年入贡，又请赐大晟《雅乐》，及请赐《燕乐》。诏皆从之。故乐舞益盛，可以观听。”

据此可知，高丽王曾向徽宗请求北宋派乐工赴高丽，并请赐给乐器、乐舞，这是徽宗送给高丽王乐器的起因。

其实，高丽与北宋的音乐互动很频繁，早在1078年，北宋便曾派出官方使团到达高丽首都开成。宋神宗送给高丽文宗的礼物中有10套拍板、10支笛子和7支筚篥。

宋徽宗即位后，十分重视礼乐的构建，因此他两次专门将礼乐作为礼物赐给高丽王：第一次是高丽睿宗九年（1114）七月四日，由高丽遣宋特使安稷崇带回，包括167件乐器及乐谱和指诀图各十册。第二次是睿宗十一年（1116）七月十四日（《宋史》上记为1117年），由高丽使臣王字之和文公美带回，此次为宋徽宗于崇宁四年（1105）新制成的大晟乐。这次赏赐仅乐器就有428件，此外还有雅乐使用的各类器物，如衣冠、服饰、麾幡等。而在这之中仅登歌乐便有"一弦琴、三弦琴、五弦琴、七弦琴、九弦琴各2面"。歌乐器中又有"一弦琴5面、三弦琴13面、五弦琴13面、七弦琴16面、九弦琴16面"。这些弦数不同的琴大都是我们今天所说的古琴。

为什么宋徽宗要这样做呢？有学者认为，他是想达到联合高丽共同抗击辽金的目的。而当高丽于1123年拒绝与北宋结盟，并于1126年对金俯首称臣时，宋徽宗和大臣们的战略宣告失败，这也是宋代史料中较少提及这一事件的原因。

宋・刘松年《西园雅集》

『松风清节』觅『知音』

伯牙、子期高山流水遇知音的故事被传为千古美谈，
令后人『虽不能至，心向往之』。
就连『连接河朔，北伐中原』的宋代抗金名将岳飞，
也曾发出过：
『欲将心事付瑶琴。知音少，弦断有谁听？』的感慨。
诚所谓：
『千金易得，知音难求。』
北宋名琴『松风清节』在流传的过程中，
也曾发生过『知音让琴』的故事，
这是怎么回事呢？
让我们先从伯牙、子期的故事说起……

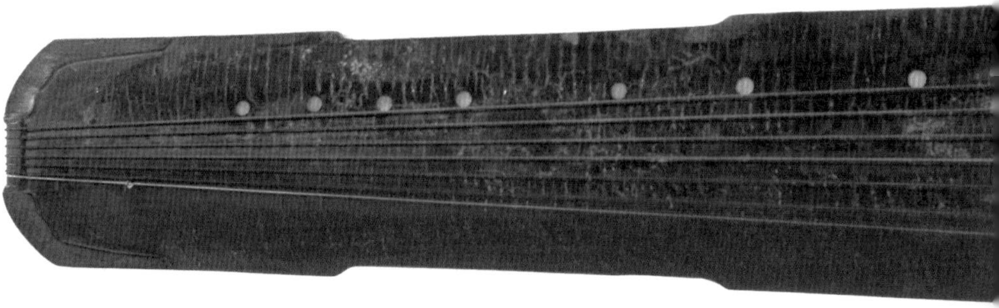

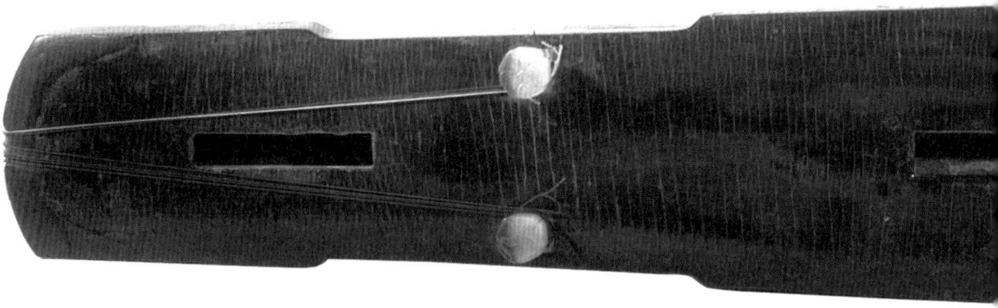

高山流水遇知音

故宫博物院收藏有一幅元代画家王振鹏的《伯牙鼓琴图》。伯牙、子期高山流水遇知音的故事是古代艺术家们最钟爱的题材之一。相传，在战国以前，有一位弹琴水平很高的乐师，唤作伯牙。伯牙弹起琴来，就连正在吃草的马儿都要抬起头来静听，正所谓“伯牙鼓琴，六马仰秣”。一天，伯牙弹琴志在高山，一位樵夫听后说道：“善哉，峨峨兮若泰山！”于是，伯牙转而志在流水，樵夫接着说道：“善哉！洋洋兮若江河！”伯牙十分惊讶！不想此人竟能听懂他琴中之意，而听琴者正是子期。这个故事最先见于战国时郑人列御寇所著的《列子》，到秦国国相吕不韦及其门人编纂的《吕氏春秋》中，故事又有了发展：子期死后“伯牙破琴绝弦，终身不复鼓琴，以为世无足复为鼓琴者”。

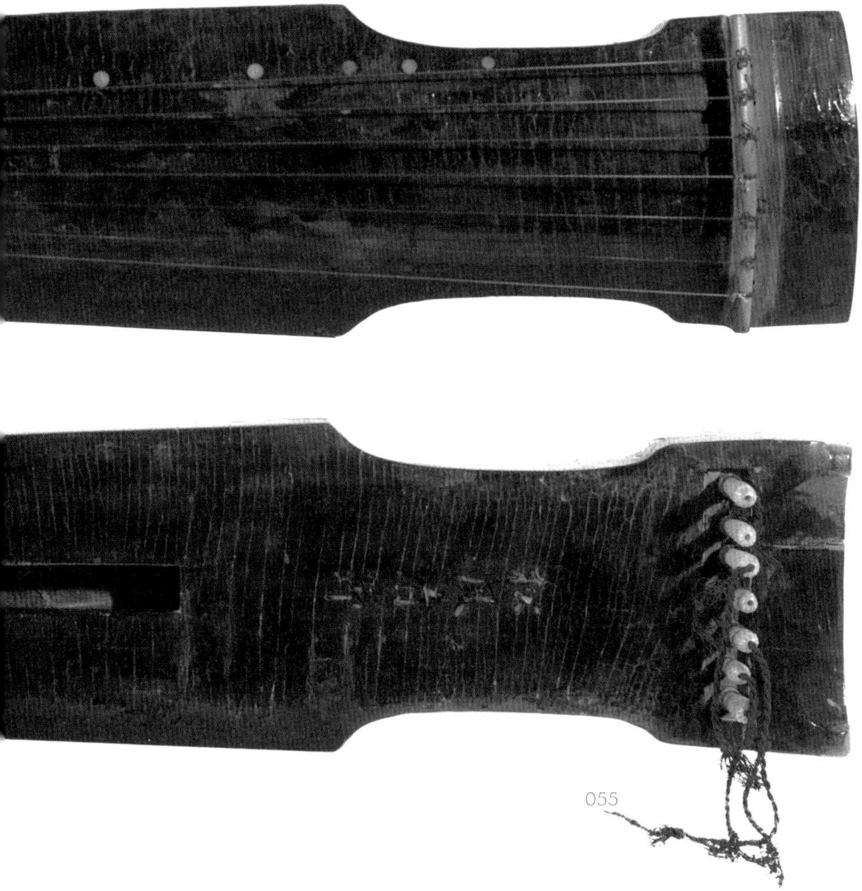

北宋·『松风清节』琴正面、背面 ［吉林省博物馆藏］

《伯牙鼓琴图》画的正是“伯牙鼓琴，子期善听”的场景：伯牙坐于石上抚琴，只见他宽衣博带、袒胸露臂、长髯及腹，飘飘然有神仙之概。子期坐于对面静听，他衣带飘飘，俯首沉思，已然入神。他那微微翘起的脚尖儿，似乎正是被音乐所提起；紧扣的双手，也好像正合着音乐的节奏相击，听得如此着迷，难怪“伯牙所念，子期必得之”了。

当然，这幅图中的伯牙、子期，经过了王振鹏的艺术加工。子期已不再是樵夫，还有两位童子在侧服侍，伯牙所用之琴也是魏晋以后方才定型的形制，琴旁还放上了香炉。这一切都使得这幅图更加符合宋、元文人对于伯牙、子期的想象。在宋代琴人田芝翁所著的《太古遗音》中，我们也发现了一条有意思的史料：“（子期）少与伯牙同事成连先生，授百二十曲。”也就是说伯牙、子期年少时曾一同拜成连先生为师，学

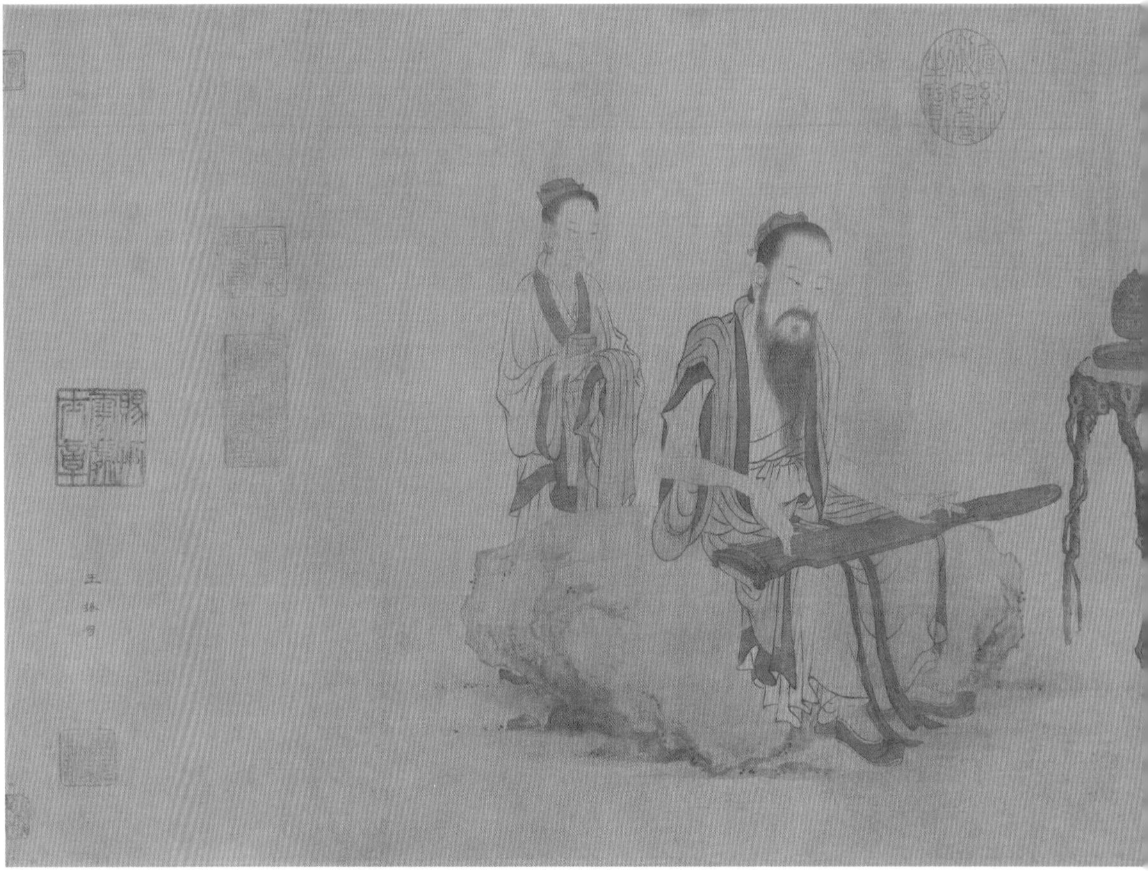

习古琴。有了这条宋人的记述，再来理解二人为何能如此心意相通，就容易得多了。

通过琴音听懂对方心意的“知音”之情当然是令人神往的。想当年，岳飞将军有气吞山河之才，收复河山之志，可惜一生未能觅得知音，令人扼腕！

又一千年后，在近代的古琴收藏中，围绕北宋名琴“松风清节”，也曾发生过“知音让琴”之事。让琴的两位主人公都是鼎鼎大名之人：一位是文物收藏大家、“民国四公子”之一的张伯驹；一位是文物鉴定名家、“京城第一大玩家”的王世襄。那么，二位所让之“松风清节”琴又是怎样一张名琴呢？

元·王振鹏《伯牙鼓琴图》（局部）［故宫博物院藏］

“松风清节”名琴传

北宋“松风清节”琴为仲尼式样，与《伯牙鼓琴图》中伯牙所弹之琴的形制相同。

这张琴由桐木斫成，上髹栗壳色漆，间施朱漆，漆面随着时间的推移，形成蛇腹与冰裂断纹。琴面上镶十三枚玉徽，琴背栓弦之琴轸与雁足也为玉制。七根朱弦排列琴上，让人想起北宋黄庭坚的“朱弦已为佳人绝，青眼聊因美酒横”之句。琴背龙池上方刻有楷书**“松风清节”**琴名，琴名下**龙池**、**凤沼**均为长方形。在龙池处向琴腹望去，可以看到六边形小木块拼接的痕迹，可知此琴为**“百衲琴”**。所谓“百衲琴”，就是用很多小木块拼接成琴。有点类似僧人百衲衣的做法。百衲琴有真百衲琴与假百衲琴之分，真百衲琴即是真的用小木块拼接成琴；假百衲琴则是用整块木头做好琴后，在琴上贴六边形小木块或是做出小木块的纹路，“松风清节”琴便是假百衲琴。

龙池内除能看到假百衲琴的纹路外，还刻有楷书腹款：**“大唐贞观五年，雷击良才，雷霄监制百衲。”**当代琴学

『松风清节』琴琴名

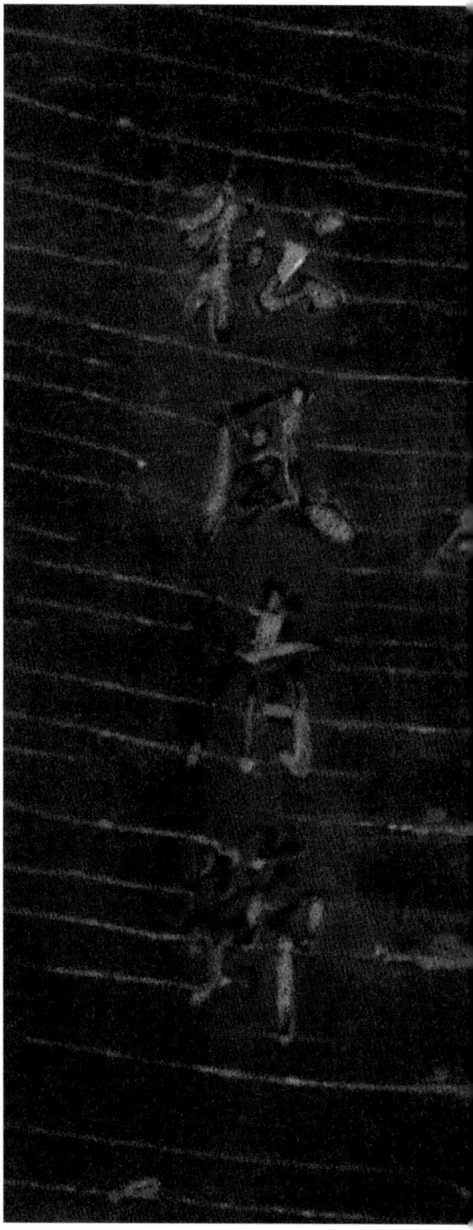

大家郑珉中曾在《谈吉林省博物馆藏“松风清节”琴》一文中说：“贞观五年（631）是唐朝建立后的第十四年，一个监制古琴的大家，其年龄总不该小于中年，按照这则腹款推论，隋代就应有雷霄这样一位斫琴家了。如果这个推论能够成立，则‘松风清节’琴所刻腹款与唐、宋、元人对雷氏琴制作年代的记述就大相悖谬了。”除解释了腹款问题外，郑珉中在文章最后还得出“松风清节”琴是一张北宋人仿造的唐琴，但仍不失为一件有价值的历史文物的结论。

就目前保存的文献来看，“松风清节”琴未在清代以前的文献中出现过。直至民国初年，它才出现在书法家、收藏家冯恕（1867—1948）家中。冯恕是清代光绪年间进士，曾任大清海军部军枢司司长、海军协都统。他曾参与创办北京首家民族资本电业公司。由于他书法出众，当时北京的商号多找其题字，一度有“有匾皆有恕，无腔不学程（程砚秋）”的说法。冯恕收藏甚多，最为著名的是与好友叶恭绰、郑洪年一起抢救的即将流失海外的国宝毛公鼎。冯恕去世后，家人遵其遗嘱将他收藏的147件古物与17650册藏书捐献给国家。时任文化部部长沈雁冰等人还于1950年向其后代颁发了奖状。

冯恕的儿子冯大生曾学琴于古琴名家“广陵正宗”黄勉之（1853—1919）。少年时，黄勉之为求得广陵派真传，不惜削发为僧，向枯木禅师学琴，后终有所成，并于京城宣武门城南的巷子里开设“金陵琴社”。皇亲国戚溥侗、叶诗梦；军机大臣张之洞；“九嶷派”创始人杨宗稷和贩卖棉线的小贩贾阔峰等人均是他的学生，可谓桃李满天下。

正是由于这样的关系，“松风清节”琴逐渐在晚清、民国年间成为京城琴坛上的重器。1948年，冯恕去世后，“松风清节”琴出现在北平（今北京）琉璃厂文物商店“蕉叶山房”中。“蕉叶山房”是清末、民国初年著名的古琴商店，掌柜**张瑞珊**琴学造诣极深，弹琴、修琴皆擅长，并曾与清末小说家《老残游记》的作者刘鹗合作有《十一弦馆琴谱》传世。此时，恰好琴学大家、“今虞琴社”社长**查阜西**来京会友，在“蕉叶山房”见到了“松风清节”琴，他爱不释手，愿意出重金收琴，可惜因时局有变而未果。

伯驹、世襄是知音

1948 年，北京大学举办漆器展览，文物鉴定家**史树青**将这张琴从古玩店中借出参展数月。展览结束后，此琴被送至**王世襄**家中，由王世襄夫人**袁荃猷**试弹，经手人开出不能低于 400 美元的高价，且只收美元。

这时，王世襄正受故宫博物院委派，在美国洛氏基金会奖学金的资助下，赴美国、加拿大的博物馆进行为期一年的考察学习。当时，故宫博物院只有一个出国考察的名额，为什么给了王世襄呢？一来，王世襄精通英语，是故宫博物院员工中少有的可以不带翻译能够直接与外国专家沟通的人才。再者，他在 1945 年抗战胜利后奔走调查，收回被劫夺文物两三千件，居功至伟。因此，院长马衡就把名额给了他。

也是在 1945 年，王世襄与 14 岁便跟随汪孟舒学琴的袁荃猷结婚，汪孟舒是叶诗梦的高徒，曾收藏有“春雷”“枯木龙吟”等名琴。成婚后，为其妻学琴方便，王世襄特意延请古琴名家管平湖做其妻的古琴老师。王、管两家有着极深的渊源。王世襄的舅舅、著名画家金北楼曾学画于管平湖的父亲管念慈，管念慈曾是清宫如意馆馆长，他去世后，管平湖又跟随金北楼学画。此时，郑珉中也正学琴于管平湖，袁荃猷刚转去管平湖处学琴时，有点儿跟不上，便请管平湖介绍一位弟子，带她课下温琴，于是，管平湖介绍了郑珉中。除跟随管平湖学琴外，王世襄夫妇还于 1947 年与管平湖、张伯驹等人一同发起了“北平琴学社”，并常与古琴名家关仲航、溥雪斋、杨葆元等人举办雅集，与古琴界的联系愈发密切。

袁荃猷试弹“松风清节”琴后，在日记中写道：**“将至德（‘大圣遗音’）取出与‘松风’比长短大小，用尺仔细量好，作图寄畅安**（王世襄）；**中午接畅安十二月二十一日信，知仍欲找‘松风’。”“星期四，晴。上午给畅安写信，午后珉中来，谈‘松风’事，约明日听讯。晚弹梅捎**（梢）**月，顿觉味不同。”**王世襄夫妇因手边没有那么多钱，琴暂时被经手人取回。巧的是，王世襄在赴美考察前，找到一张其母生前留下的外国银行存单，账上还有 340 余美元。不过这个银行在北平早已没有业务，王世襄抱着试试看的态度将它带在了身上。就在王世襄赴美考察博物馆的第一站时，他便将钱如数取了出来。

不过，当时从国外向国内汇款还不是很方便，于是王世襄想出将美元塞进寄照片的夹板中，冒着邮件丢失的风险寄回国内。后来，他回忆说：**“邮件丢失，美钞便一下子化为乌有。但当时我对该琴的占有欲很强，冒险也在所不惜。”**最后，袁荃猷与经手人反复商议，最终以琴价 300 美元、佣金 30 美元成交。“松风清节”琴终于到了王世襄夫妇的手中。

王世襄在《自珍集》序中写道：“人或称我收藏家，必起立正襟而对曰‘实不敢当！实不敢当！’古代名家，姑置勿论。近现代允称收藏家者，如朱翼庵先生之于碑帖，朱桂辛先生之于丝绣，张伯驹先生之于书画，周叔弢先生之于古籍，学识之外，更雄于资财。以我之家庭背景、个人经历，实不具备收藏家条件。”

由此可见，王世襄对张伯驹是十分尊敬的。王世襄曾云：“我和伯驹先生相识颇晚，1945 年秋由渝来京，担任清理战时文物损失工作，由于对文物的爱好和工作上的需要才去拜见他。旋因时常和载润、溥雪斋、余嘉锡几位前辈在伯驹先生家中相聚，很快就熟稔起来。”

1947 年，王世襄很想做些书画著录方面的研究，便想去张伯驹处看他花费 4 万大洋收藏的《平复帖》，不想张伯驹却说：“你一次次到我家来看《平复帖》太麻烦了，不如拿回家去仔细地看。”就这样，王世襄把《平复帖》小心翼翼地捧回家。他看了一个多月后，才毕恭毕敬地捧还给张伯驹。通过这次借阅，王世襄完成了《西晋陆机 < 平复帖 > 流传考略》一文，发表在《文物参考资料》1957 年第一期上。

王世襄曾言：“将《平复帖》请回家来，我连想都没敢想过，而是伯驹先生主动提出来的。那时，我们相识才只有两年，不能说已有深交。对这一桩不可思议的翰墨因缘，多年来我一直感到十分难得，故也特别珍惜。仅此就足以说明伯驹先生是多么信任朋友，笃于道谊。对朋友，尤其是年轻的朋友想做一点有关文物的工作，是多么竭诚地支持！”可见，二人虽交往时间不长，却惺惺相惜，也算得上是知音了。

“知音让琴”美名传

1961 年，时任吉林省委宣传部部长宋振庭受陈毅元帅之托，引荐张伯驹夫妇到吉林省博物馆工作，张伯驹任第一副馆长。调任后，张伯驹鉴于吉林省博物馆当时藏品薄弱的现状，慷慨解囊，无偿捐赠了他收藏的几十件书画作品，包括唐人写经《大般若波罗蜜多心经》、宋代赵伯啸的《白云仙乔图》卷、元代赵子昂的《篆书千字文》卷、明代薛素素的《墨兰图》轴等。

除此之外，张伯驹还努力收购文物，极力拓展吉林省博物馆的藏品规模。1963 年 3 月 22 日，他专门写信给王世襄拟收购“松风清节”琴，信札中写道：“琴事已经评审委会决定，今日又特提出增为 1000 元整数，然兄仍不免吃亏，只有代馆感谢而已。”31 日，他在信札中写道：“来函奉悉。款收到，请写一收条，迳寄博物馆为荷。”由此可知，在张伯驹斡旋下王世襄夫妇以 1000 元的价格转让了“松风清节”琴，该琴从此入藏吉林省博物馆，并被定为国家一级文物。

当王世襄将这一经过告诉郑珉中后，他笑着说：“你可赔了。1948 年的 330 美元比 1960 年的 1000 元人民币价值要高。”王世襄却说：“根本没有想到这一点，美钞没有寄丢，就够幸运的了。”

北宋宣和殿旧藏官琴『金钟』的故事

故宫博物院现藏有历代名琴八十八张（包含石琴、铁琴、铜琴在内），
其中，
宋代名琴有九张。
在这九张琴中有七张为南宋斫制，
仅有两张为北宋所作。
而就在这两张琴中，
也只有一张既是明清宫廷旧藏琴，
又是北宋官琴的代表作，
它就是——
『金钟』琴。

宣和殿中藏名琴

北宋绍圣二年（1095）是北宋第七位皇帝哲宗赵煦（1077—1100）在位的第十年。这一年的四月初二日，宋哲宗命人在宫中修建了一座新的宫殿——宣和殿，用以休憩燕居。

绍圣虽是宋哲宗的第二个年号，但却是他亲政的第一个年号，这个年号他一共用了四年（1094—1098）。东汉许慎著的《说文解字》里讲“绍，继也”，哲宗的父亲驾崩后，谥号为英文烈武圣孝皇帝，所谓绍圣就是要继承其父宋神宗的变法。

元丰八年（1085）二月，宋神宗赵顼病重期间，其兄弟岐王、嘉王也有意皇位，每日都来问候皇帝起居。关键时刻，高太后一面令侍卫禁止“二王”随意出入宫禁，一面又密令太监梁惟简使其妻（宋代宦官首领可有妻子）做一件 10 岁小儿能穿的黄袍，并让梁惟简藏于怀里，以备不时之需。

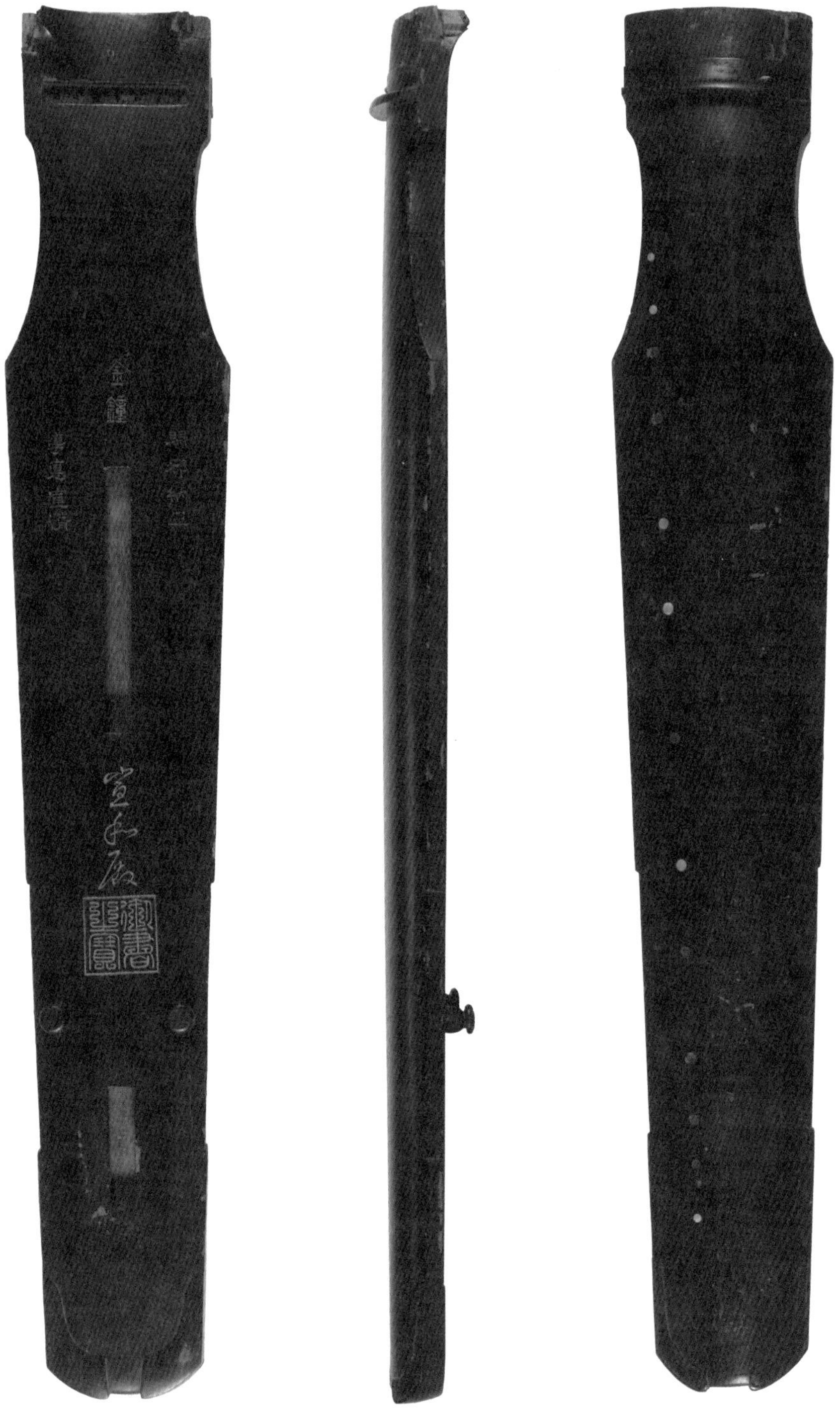

北宋·『金钟』琴正面、侧面、背面［故宫博物院藏］

当宰相王珪等托孤大臣在奏请乞立九岁的延安郡王（赵煦）为皇太子、皇太后高氏听政时，神宗皇帝已不能言语，但颔首表示同意。王珪等重臣拜见高太后，高太后坐于帘后一边哭泣，一边抚着赵煦说：“儿孝顺，自官家服药，未尝去左右，书佛经以祈福，喜学书，已诵《论语》七卷。”然后，她让赵煦走出帘外与王珪等大臣相见。

宋哲宗登基之后，尊高氏为太皇太后临朝称制（1085—1093），太皇太后起用旧党司马光、吕公著、文彦博、苏轼等人，推翻了王安石等人倡导的变法，恢复旧法，史称“元祐更化”。而在绍圣年间，宋哲宗亲政后再次罢黜旧党宰相范纯仁、吕大防等人，起用章惇、曾布等新党人士，启动元丰新法。此时，才是他施展抱负的时刻。

南宋王应麟在《玉海·宫室·殿·宣和殿》中记道：

“哲宗以睿思殿先帝所建，不敢燕处。乃即睿思殿之后为宣和殿。绍圣二年四月二日丁卯，宣和殿成。徽宗昼日不居寝殿，以睿思为讲礼进膳之所，就宣和燕息。大观二年再葺。”

按照王应麟的说法，因睿思殿为宋哲宗之父宋神宗所建，为示尊重，宋哲宗不敢在殿中休息，所以在睿思殿后建宣和殿。到宋哲宗的弟弟宋徽宗继位后，又搬到睿思殿讲礼、进膳，继续将宣和殿作为燕息之所。宋徽宗还于大观二年（1108）重新修葺宣和殿，并将这一区域变成了皇家博物馆。

《续资治通鉴》记载：

“保和殿（一说宣和殿于宋徽宗宣和年间改名保和殿）……左实典谟训诰经史，右藏三代彝铭，东序置古今书画，西序收琴玩笔砚焉。”

宋徽宗将大量的图书绘画、鼎彝礼器、琴玩笔砚等古物珍玩收藏于此。著名的《宣和书谱》《宣和画谱》《宣和博古图》也与此殿有着密切的联系。

之所以确定“金钟”是北宋琴，是因为它琴背上的琴铭“**宣和殿**”三字。宣和殿于宋哲宗绍圣二年（1095）建成，宋徽宗宣和元年（1119）改名为保和殿(也有建保和新殿的说法)，与故宫三大殿中的保和殿同名，可见其重要性。因此，通过“金钟”琴琴背的“宣和殿”琴铭我们可以知道，北宋的宣和殿中曾经收藏过“金钟”琴。那么“金钟”琴到底是怎样一张琴呢?

「金钟」琴印章

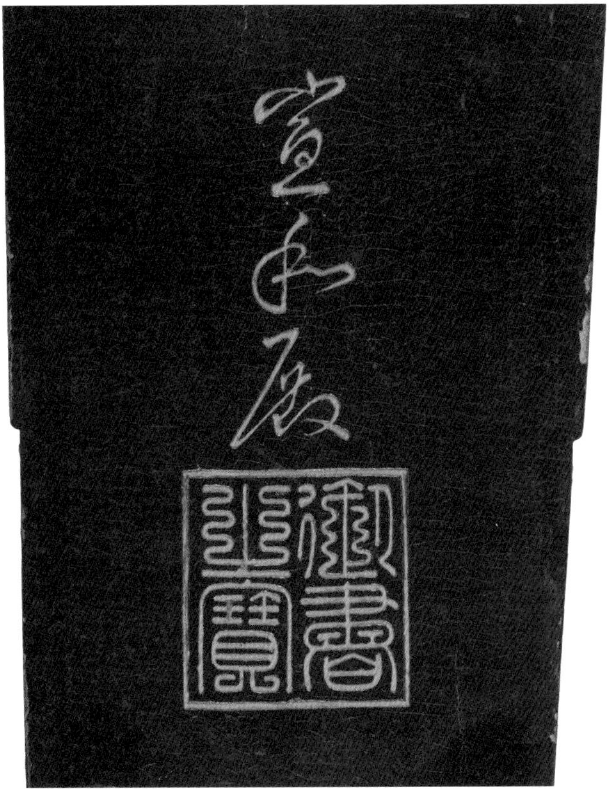

“金钟”琴是清宫旧藏琴，琴形为仲尼式样。这张琴的琴胚上蒙有一层葛布地，地上施鹿角灰胎，胎上髹黑漆，漆面发牛毛断纹。琴头正侧面的凤舌是后来镶嵌上去的，琴头与琴尾承弦的岳山、焦尾均使用了木质较硬的紫檀木，支撑琴体的雁足用的也是紫檀，但可能在历史上的某次修复中被粘死，很难再次替换。

“金钟”琴琴背上留有长方形的龙池与凤沼。龙池上方刻有小篆“**金钟**”琴名，字体疏朗有力。那么，“金钟”是何意呢？古人讲上好的古琴所拥有的琴声会像先贤一样拥有“九德”：**奇、古、透、静、润、圆、匀、清、芳**。这“九德”里的“古”字，就是指古琴的琴声中有上古雅乐的金石乐悬之音。“金钟”从字面意义理解就是黄金制作的编钟，但这种金编钟直到清代宫廷才出现，故宫博物院现存有两套金编钟：一套为康熙年制，另一套为乾隆年制。乾隆年制的那一套金编钟曾经被末代皇帝溥仪抵押出宫，换取了 40 万大洋。给“金钟”命名的北宋人可能还不知有金制的编钟，他们更多想象的可能是先秦被称为金石乐悬的青铜编钟。

龙池左右刻有隶书琴铭：**“闲邪纳正，导德宣情。”**三国时期曹魏音乐家嵇康所著的《琴赞》中有“闲邪纳正，宜和养素，禁邪见上”的句子，东晋戴逵所著的《琴赞》中有“至人托玩，导德宣情，微音虚远，感物悟灵”的句子，可见这两句琴铭是集起来的句子。

在唐代徐坚编撰的综合性类书《初学记》中曾经将这两句话放到一起。说的是古琴有“纳正”“禁邪”“宣情”“理性”的功用，“金钟”琴声一鼓，能荡涤人的身心。

在“金钟”琴的龙池下方刻有草书“**宣和殿**”三字，其下为九叠文“**御书之宝**”印章。这说明“宣和殿”三字可能为宋徽宗亲笔书写。

金钟琴琴铭

在历史的长河中，此琴的护轸缺失，七个琴轸与七条琴弦均已不知所踪，蚌徽也缺失七枚，只剩六枚，琴面也多处失漆。但琴体扁圆的气势仍在，温润的气质犹存。

历史上的“金钟”琴曾是北宋的内府藏琴，这说明北宋皇家与古琴的确有着密切的关系。

宋朝的开创者太祖赵匡胤曾拥有一张叫作“**靡玉**”的名琴，明代董斯张《广博物志》云：

“宋太祖琴曰靡玉，即命萧思话弹于钟山，赐银钟酒者也。”

宋太祖收藏的古琴相传就是南北朝时期左卫将军萧思话（406—455，南朝宋人）跟随宋文帝刘义隆（407—453，南朝宋第三位皇帝）登钟山北岭时所弹之琴。萧思话与宋文帝登山途中遇有磐石、清泉，宋文帝命他于石上弹琴，说道：“相赏有松石间意焉。”并赐以银钟酒，被传作千古佳话。

宋太宗赵匡义（939—997）更是在至道元年（995）仿照周文王、武王将五弦琴增做七弦琴的故事，创制了九弦琴，新制了五弦阮，并另造新谱二十七卷，令太常乐工肆习。他还解释道：

“雅正之音可以治心，古人之意或有未尽。琴七弦今增为九弦，曰：君、臣、文、武、礼、乐、正、民、心，则九奏克谐而不乱矣。阮四弦今增为五，曰：金、木、水、火、土，则五材并用而不悖矣。”

宋徽宗跟古琴的关系更为密切，他曾绘制过一幅《听琴图》，是描绘弹琴的画作中最为知名的一幅。他在位期间曾在宣和殿设“百琴堂”搜罗天下名琴。除了“金钟”琴、“松石间意”琴外，“宣和殿百琴堂有琴名黄鹄秋”又有琴名混沌材。

宋代周密所撰《云烟过眼录》说：

“琴则雷为第一，向为宣和殿百琴堂称最。”

这里的“雷”不知具体是指哪张琴？还是指斫琴名家的姓氏？

明代林有麟所著《青莲舫琴雅》说：

“雷威琴向为宣和殿百琴堂称最。”

他认为雷威是唐代蜀中制琴世家雷氏中最著名的斫琴师，他所作之琴被称作百琴堂第一琴。

明代都穆在《都氏铁网珊瑚》中则说：

“琴则春云为第一，向为宣和殿百琴堂称最。”

认为宣和殿百琴堂第一琴应为“春云”。明代张应文的《清秘藏》中则说：

“春雷，宋时藏宣和殿百琴堂称为第一。”

总之，后世人对宣和殿中所藏之琴推崇备至。

“官琴”“野斫”从此分

在当代著名古琴大家郑珉中主编的《故宫古琴图典》中，介绍有两张故宫藏北宋时期的名琴：一为“**万壑松**”，一为“**金钟**”。在郑珉中1999年发表的文章里将“万壑松”琴认作是南宋早期的作品，在2010年出版的《故宫古琴图典》中又将它重新定为北宋琴的代表。但是，“金钟”琴不但一直被郑珉中看作是一张北宋名琴，而且是故宫藏琴中唯一一张北宋“官琴”。

那么，什么是“官琴”呢？

宋代曾设有专门制作古琴的琴局，为官方制作古琴。明代高濂在《遵生八笺》中曾言：

“宋有琴局，制有定式，谓之官琴，余悉野斫。”

也就是说，明代人认为至少从宋代开始便出现了“官琴”与“野斫”（民间制作之琴）的分野。而“金钟”琴因有“宣和殿”与“御书之宝”的印章，正是“官琴”的代表作。

宋徽宗时张择端所画《清明上河图》名震千古，使得摹画《清明上河图》成为一种时尚。其中，明代仇英所摹之《清明上河图》中便有斫琴的店铺出现。图中斫琴店铺的门口悬挂有两个招牌：一为**斫琴**，一为**太古冰弦**。店中墙壁上挂有一张黑漆琴，一角还摆放有三张琴胚。店中共有两位斫琴师：一位一脚踏在长凳上专注地锯着琴材，一位正用斧子劈凿琴材。这张图中所画的就是“野斫”的场景。

明代林有麟在《青莲舫琴雅》中说：

“宋时置官局制琴，其琴俱有定式，长短大小如一，故曰官琴。但有不如式者，俱是野斫，宜细辨之。”

在对“官琴”的理解上，现代琴家多认为“官琴”主要是传世宋代官局所作之名琴，类似“金钟”等琴。但如果琴俱有定式，长短大小都一样的话，那么“官琴”中的一大部分，应该指的是礼乐用琴，也就是宫廷用琴的主体。从清宫档案上看，清代造办处主要是给名琴进行部分修补，但也会制作一批礼乐用琴，现在故

明·仇英《清明上河图》（局部）［辽宁省博物馆藏］

宫博物院收藏的八十八张历代名琴中有近一半是礼乐用琴，这些礼乐用琴是有定式的。

由于经济和文化的发展，宋代的制琴工艺得到了很大的提高，甚至还出现了对制琴工艺进行总结的专著《碧落子斫琴法》，其作者为北宋易学家石汝砺（字介夫，号碧落子）。他是广东人，自幼聪颖，过目成诵，曾与苏轼有过交往。

在苏轼生命的最后一年（1101），宋徽宗大赦天下，在从海南返回常州的路上，苏轼经过金山龙游寺看到了当年李公麟为自己所画的画像，写下了“心似死灰之木，身如不系之舟。问汝平生功业，黄州惠州儋州”（《自题金山画像》）的诗句。诗中描绘了苏轼一生被贬职的三个地方。当苏轼被贬至惠州时，途经英州，游览圣寿寺，曾与石汝砺长谈，称他为隐士。苏轼精于演奏、鉴赏古琴，并能创作琴歌歌词，石汝砺也擅于弹琴、做琴，二人的长谈中不知有无琴声陪伴？

现《碧落子斫琴法》一书收录于《琴苑要录》书中。《琴苑要录》是汇集了宋代斫琴文献的明人抄本。《碧落子斫琴法》包含定材尺寸、琴身尺寸、削面法、调声法、较古琴大小法、琴色样法等内容，是对宋代及其前代斫琴法的总结。

宋代时皇家用琴不但有了专门制作的“官琴”，还有了特制的琴谱——阁谱。元代袁桷在

《清容居士集》中曾说：

“阁谱由宋太宗时渐废，至皇祐间复入秘阁。”

也就是说在宋太宗赵匡义之时甚至之前宫内便有阁谱，他也曾经命乐师制作过新谱，之后逐渐废弃，到北宋第四位皇帝宋仁宗皇祐年间（1049—1053），阁谱重新进入内府，宋徽宗时更是看重阁谱，未经大

晟乐府（1102—1106）审定的谱本不准进入内府。

北宋皇家对古琴的重视大抵类此。

所以，国学大师陈寅恪曾言：**“华夏民族志文化，历数千载之演进，造极于赵宋之世。后渐衰微，终必复振。”**就古琴来看，确是如此。

宋·李公麟《会昌九老图》［辽宁省博物馆藏］

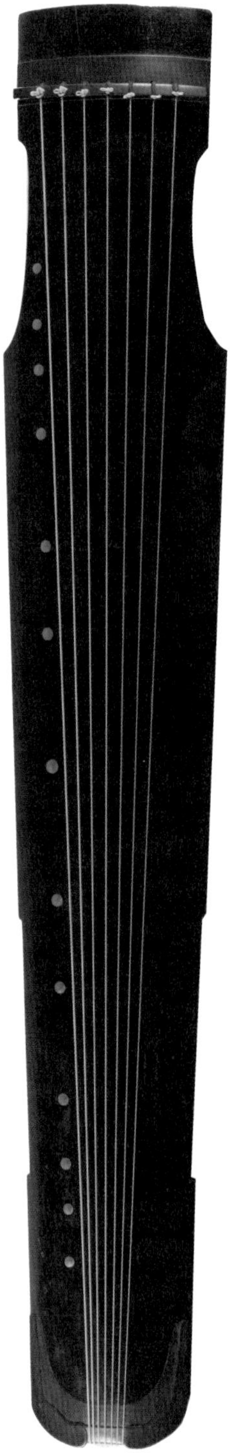

北宋·『松石间意』琴正面、背面〔中国三峡博物馆藏〕

北宋『松石间意』琴的背后

2010年12月，

在北京保利五周年秋季拍卖会上，

一张北宋宋徽宗御制清乾隆铭『松石间意』琴以1.3664亿元的价格成交，

创造了世界乐器拍卖纪录。

在重庆中国三峡博物馆也收藏有一张北宋『松石间意』琴，

其背面刻有苏东坡、沈周、唐寅、文徵明、祝允明等十二位不同时代的文人题铭。

那么，

这张『松石间意』琴又有着哪些鲜为人知的故事呢？

博物馆中藏名琴

重庆中国三峡博物馆收藏有一张铭文十分丰富的古琴，前后有十二位不同时代的文人题铭其上（还有坡仙琴馆朱印一方），它就是北宋**“松石间意”**琴。这张琴为传统的仲尼式样，通长 122.5 厘米，隐间（有效弦长）113.8 厘米，是一张较为秀气的古琴。

这张琴以桐木为面、杉木为底，琴胎上施鹿角灰胎，胎上髹黑漆，漆面发蛇腹、流水、牛毛断纹，可以看出时间在其身上留下的痕迹。檀木岳尾，金徽玉轸，玉制雁足，足见其用料之考究。琴背龙池、凤沼皆为长方形，中规中矩。琴弦、琴穗均为 20 世纪 80 年代初后配，与古琴相得益彰。

此琴铭文极为丰富，是中国三峡博物馆藏琴中铭文最多的一张。玉制琴轸所在之长方形轸池下方刻有行书“松石间意”琴名，落**“吴趋唐寅”**楷书款，字迹潇洒自然，有江南才子的风采。唐寅（1470—1523）就是大家熟知的唐伯虎。他生于明宪宗成化六年（1470）二月初四日，这一年是庚寅年，因而取名为寅，又因他是家中长子，古人用伯、仲、叔、季为兄弟排行，所以他字伯虎。唐寅前“吴趋”二字是地名，常被用来代指吴地、苏州，并且唐寅就生于苏州阊门内吴趋里皋桥，因而有“吴趋唐寅”的说法。

“吴趋唐寅”旁刻行楷**“绍圣二年东坡居士”**款及**“坡仙琴馆”**长方形朱印。绍圣（1094 年 4 月至 1098 年 5 月）是北宋第七位皇帝哲宗赵煦的第二个年号，绍圣二年

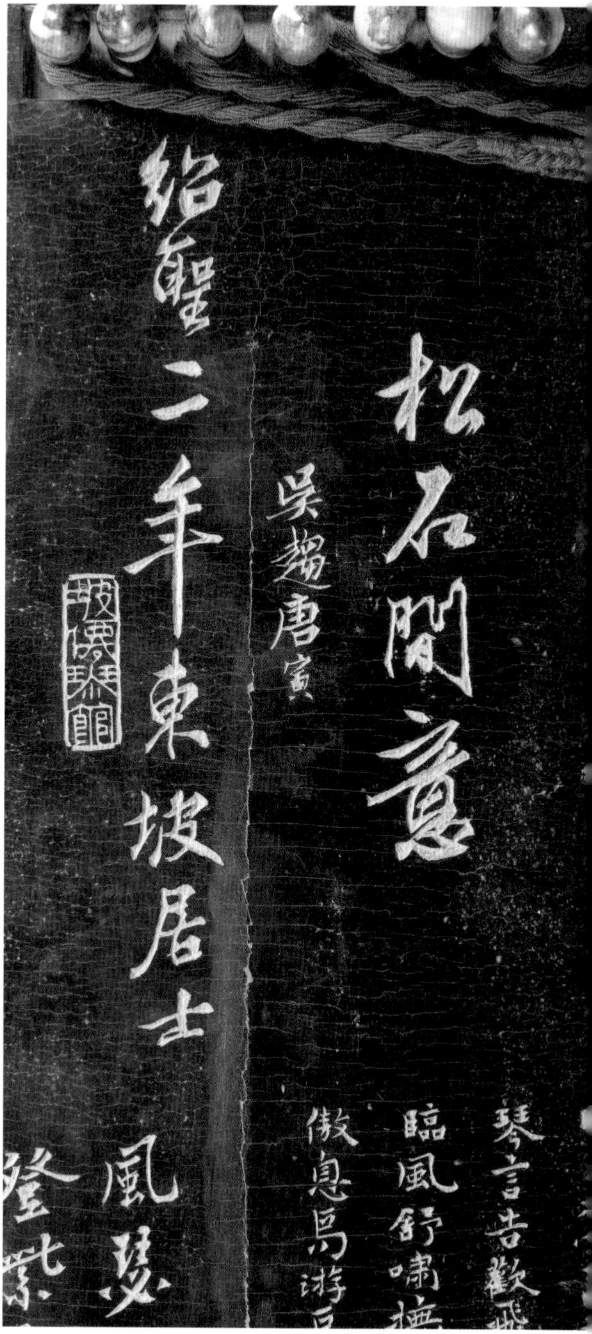

北宋·松石间意琴琴铭
[中国三峡博物馆藏]

为 1095 年，这一年苏轼（号东坡居士）58 岁，是他人生中自湖北黄州（今黄冈）被贬后的第二次被贬。不过，东坡居士魅力依旧，虽竹杖芒鞋，但“一自坡公谪南海，天下不敢小惠州”。此时有江西虔州（今赣州）鹤田山处士（隐士）王子直不远千里来访，并陪伴东坡先生七十天方去，临别苏轼写诗相赠：“万里云山一破裘，杖端闲挂百钱游。五车书已留儿读，二顷田应为鹤谋。”这一年苏轼还与自己的姐夫、新任广州提刑程正辅重修于好。程正辅本是苏轼表兄，后娶苏轼姐姐八娘为妻，可八娘进门之后，婆媳不睦，不到一年便抑郁而亡。

苏洵痛失爱女，大为恼火，与程家绝交。此时苏、程二兄弟已有四十二年未见，苏轼写道：“昔人以三十岁为一世，今吾老兄弟不相从四十二年矣。念此，令人凄断，不知兄果能为弟一来否？”就在绍圣元年（1094）十月初二日，苏轼被贬广东惠州，由于没有住处，便借住在嘉佑寺松风亭；绍圣二年（1095）三月，程正辅按行惠州，两人终于在嘉佑寺简陋的斋房中相见，饮酒赋诗，尽释前嫌。程正辅不但给苏轼带来了不少礼物，还让当地官员请苏轼搬至合江的行馆居住。

据“坡仙琴馆”长方形朱印可知“松石间意”琴曾为晚清苏州怡园主人**顾文彬**（1811—1889）收藏，顾文彬是道光二十一年（1841）进士，曾任刑部主事，擅于鉴定书画，酷爱收藏。他曾取苏轼“书画于人如同过眼烟云”之意，在怡园中建“过云楼”收藏历代金石书画，被时人誉为“江南收藏甲天下，过云楼收藏甲江南”。

琴名之下刻楷书“**明月入室，白云在天。万感皆息，琴言告欢。飞飞去鸟，涓涓流泉。临风舒啸，抚松盘桓。消忧寄傲，息焉游焉。允明**”琴铭。**祝允明**（1461—1527）是与唐寅、文徵明、徐祯卿并称的“吴中四才子”，是明代著名书法家。这篇铭文讲到无论是在白天还是在夜晚，只要弹起这张琴，都能令人沉静，心生欢喜。琴声像飞鸟，像流泉，于松下临风弹唱，有消忧寄傲的功效。

祝允明琴铭下刻行书“**月明千里，清风七弦。潜蛟飞舞，孤鹤蹁跹。步虚天上，遗响人间。嫋嫋独绝，飘飘欲仙。徵明**”琴铭。文徵明（1470—1559）是明代著名文学家、书画家、鉴藏家。诗、文、书、画无一不精，人称“四绝”，他与沈周共创“吴派”，在画史上还与沈周、唐寅、仇英合称“明四家”。他所作琴铭说的是在银色的月光下，迎着清风，弹起这张琴，可使潜蛟、孤鹤翩翩起舞，琴上发出的美妙乐音像是天上之仙籁吹落人间。南朝梁武帝在《白纻辞》中写道：“纤腰嫋嫋不任衣，娇态独立特为谁？”琴铭的“嫋嫋”可以理解成美妙独绝的意思。

“绍圣二年东坡居士”款下刻行楷“**风瑟瑟，云冥冥。鹤起舞，龙出听。戛绿绮，登紫庭。歌且和，招仙灵。沈周**”琴铭。**沈周**（1427—1509）是明代著名书画家，他是唐寅的老师。他所写琴铭意为：弹起这张琴，可使天地变色，风起云涌，鹤起舞，龙出听。轻轻敲打这张绿绮（古琴别称）可登仙境，弹琴而歌，可招仙灵。

龙池下方行楷“**晨飚夕澍，假物喻思。无言之言，情不能已。张灵**”琴铭。**张灵**（约1470—1523）是明代画家，师从于祝允明，同时他也是唐寅的邻居，并与其交谊深厚。他所写琴铭说的是弹起这张琴时早上便刮起疾风，晚上便下起甘雨，通过这张琴可让人产生无限遐想。于无声处听惊雷，令人不能自已。

凤沼旁还有两则铭文：一为隶书“**琴之为物，先圣所作，可以消忧，可以寄乐。如风人（入）松，如泉奔壑。如云在天，如鸟择木。或抚三终，或吟一曲。淑性怡情，云和所独。雁门文彭**”琴铭。文彭（1498—1573）是文徵明的长子，在诗文、书画、篆刻方面均有很深的造诣。这则琴铭较好理解，琴为先圣所制之物，可以消忧、寄乐。弹起琴来，似清风吹入松林，似泉水奔入溪谷，似流云于天上浮动，似飞鸟栖于良木。无论是弹奏古曲，还是抚琴而歌，都能够怡情养性。二为楷书“**松涛澒洞，石壁嶙峋。蛟龙出水，鸾鹤下云。雅宜山人**”琴铭。王宠（1497—1533）字履仁、履吉，号雅宜山人，著有《雅宜山人集》，他是明代书法家，

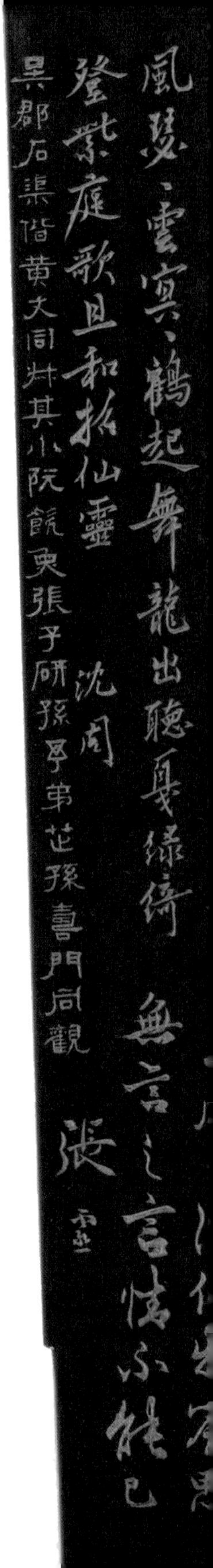

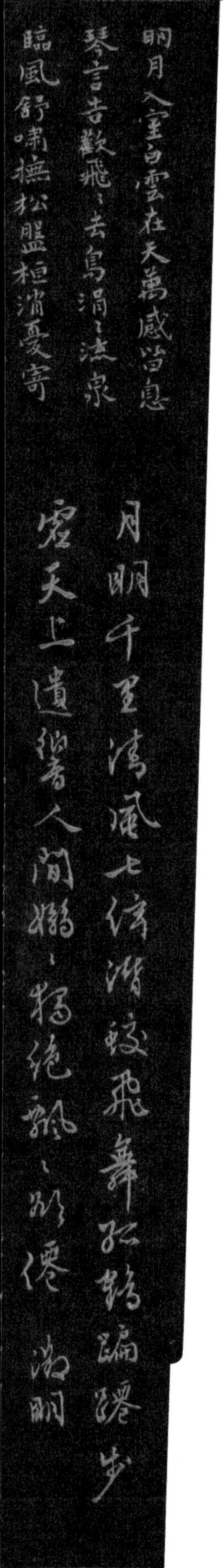

也是江苏吴县（今苏州）人。何良俊（1506—1573）在《四友斋书论》曾评其书法：“衡山（文徵明）之后，书法当以王雅宜为第一。”他所写琴铭意为：这张琴的声音像汹涌的松涛，像嶙峋的峭壁，能使蛟龙出水，鸾鹤（仙人所乘之神鸟）下云。

沈周琴铭旁为隶书“**吴郡石渠，偕黄文同叔、其小阮饮鱼、张子研孙、予弟芝孙、寿门同观**”琴铭。这则琴铭与龙池下方的一则行书“**沈子竹宾、家兄锥庵、陶溶同观**”琴铭，还有凤沼旁的两则琴铭：一为行草“**长洲张金和观**”琴铭；二为楷书“**隺槎山民程庭鹭**”琴铭，应是顾文彬请朋友雅集后所刻。他们都是晚清时期江苏吴县的一些书画家，篆刻家黄同叔、书画家石渠、黄同叔之侄黄饮鱼、吴县人张研孙、石渠之胞弟石芝孙、石渠之从弟石寿门；江苏吴江（今镇江）人沈竹宾，浙江嘉兴人书画家陶锥庵、陶溶兄弟；上海嘉定人程庭鹭；江苏长洲（今吴县）人张金和。题刻这些琴铭时，琴背位置已然不多，因而它们都较瘦弱，挤在琴背上。含义也较好理解，写的都是自己曾看过这张宝琴。

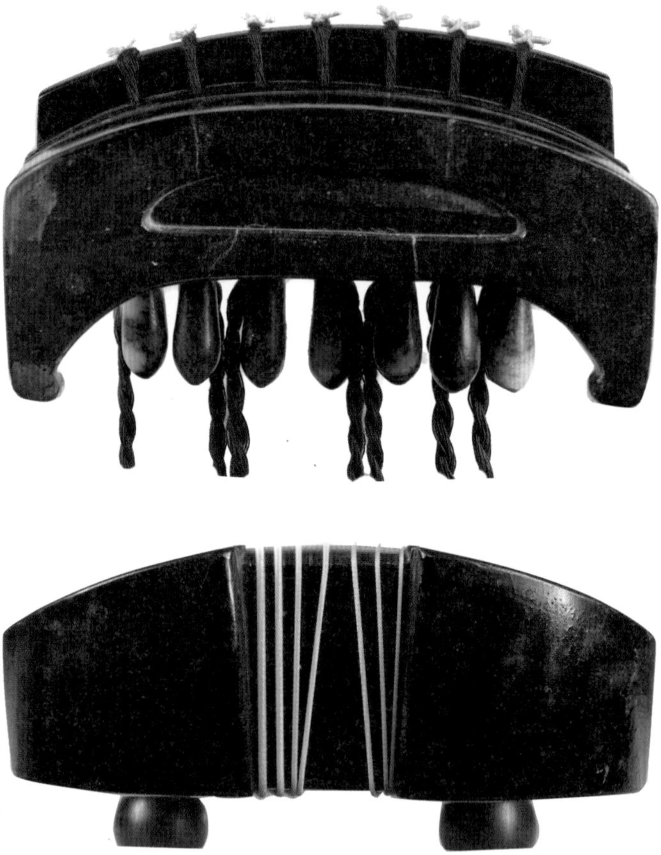

松石间意琴琴头、琴尾

同治八年（1869）正月，顾文彬之友，书画家、收藏家吴云曾记下“坡仙琴馆”的成立缘由：

昔贤谓：琴者禁也，所以禁客邪，正人心也。艮庵主人（顾文彬）以哲嗣乐泉（顾文彬第三子顾承）茂才工病，思有以陶养其性情，使之学习。乐泉颖悟，不数月指法精进。一日，客持古琴求售，试之声清越，审其款识，乃元祐四年东坡居士监制，一时吴中知音者皆诧为奇遇。艮庵喜，名其斋曰“坡仙琴馆”，属余书之，并叙其缘起。

由这段文字可知顾文彬第三子顾承身体不好，顾文彬想用古琴陶养儿子的性情，帮助其休养。顾承十分聪颖好学，不出数月便指法精进。正在这时，有人持元祐四年（1089）东坡居士监制之琴求售，顾文彬喜而收之，并将自己的书斋命名为“坡仙琴馆”，不过元祐四年东坡居士监制之琴应为“玉涧流泉”琴。后来“松石间意”琴也入藏此馆，顾文彬还在馆中挂起了苏东坡画像。不过，根据苏州顾氏家藏“松石间意”琴拓片可知，此琴琴背原无“**绍圣二年东坡居士**”款。因此，此款应为后人所加。

20世纪50年代前期，“松石间意”琴入藏中国三峡博物馆。1956年，琴学家查阜西与许健、王迪三人赴17个城市对全国琴人进行普查。查阜西先生在《1956年古琴采访工作报告》中写道：

“苏州怡园坡仙琴馆旧藏有的苏轼藏琴也在重庆博物馆被我们发现。”

此琴还有一张宣和式同名琴，为北宋徽宗宣和二年（1120）御制，并曾被清代内府收藏，琴背刻有乾隆帝御铭，1953年被上海琴人樊伯炎收藏。2010年12月，樊伯炎旧藏之“松石间意”琴在北京以1.3664亿元的价格成交，创造了世界乐器拍卖纪录。

那么，“松石间意”这一琴名到底是什么意思呢？

君臣赏琴“松石间”

“松石间意”一语最早出自南北朝沈约所撰《宋书》，列传第三十八萧思话传。

萧思话（400—455），刘宋时期（420—479）南兰陵郡兰陵县（今江苏常州）人。他是孝懿皇后萧文寿之侄，前将军萧源之之子。

萧思话10岁左右时，还未读书，喜欢四处闲逛，年少的他经常爬上房顶打细腰鼓，邻里没有不埋怨他的。后来，他幡然悔悟，没过几年便有了好的名声，变成了一个好读书史，颇能隶书，擅长弹琴，能骑善射的人才。宋武帝刘裕一见到他，便赞许其是栋梁之材，18岁被封为琅琊王、大司马、行参军转相国参军。

元嘉十四年（437），37岁的萧思话升为使持节、临川王刘义庆平西长史、南蛮校尉。宋太祖刘义隆（刘裕第三子）赐给他弓箭与古琴，并亲自书写敕令称萧思话“丈人顷何所作，事务之暇，故以琴书为娱耳”，并说自己“前得此琴，云是旧物，亦有名京邑，今以相借……于弹抚响韵殊胜”。除古琴外，宋太祖还送了萧思话一张桑弓，并说道自己“既久废射又多病，略不能制之”，不过“良材美器，宜在尽用之地”，所以“丈人真无所与让也”。

元嘉二十四年（447），47岁的萧思话改领左卫将军，

“尝从太祖登钟山北岭，中道有磐石清泉，上使于石上弹琴，因赐以银钟酒（一作银酒盅），谓曰：‘相赏有松石间意。’”

说的是萧思话曾随开创“元嘉之治”的宋太祖刘义隆在登钟山途中，见一块厚而大的石头旁有清泉流过，宋太祖便命萧思话于石上鼓琴，说不定所弹之琴便是十年前太祖相赠之琴，君臣相欢，引为知音，太祖赐萧思话银钟酒，并说出了“相赏有松石间意”（共同玩赏，有松石之间的意趣）的千古名句。

这段佳话被凝结到琴的身上，一直流传至今。

明·仇英《西园雅集图》（立轴绢本）

北宋《听琴图》与『春雷』琴的逸闻趣事

曾有这样一张古琴，
宋代时它被收入皇家内苑，
成为内府第一琴。
1127年，
靖康之变，北宋被金所灭，
它又以战利品的姿态进入金朝宫廷，
再次成为内府第一琴。
金章宗对它爱不释手，
竟将它『随葬』。
18年后，
它再出人间，
复为诸琴之冠……
它的名字与它显赫的递藏一样响亮，
而它就是『春雷』琴。

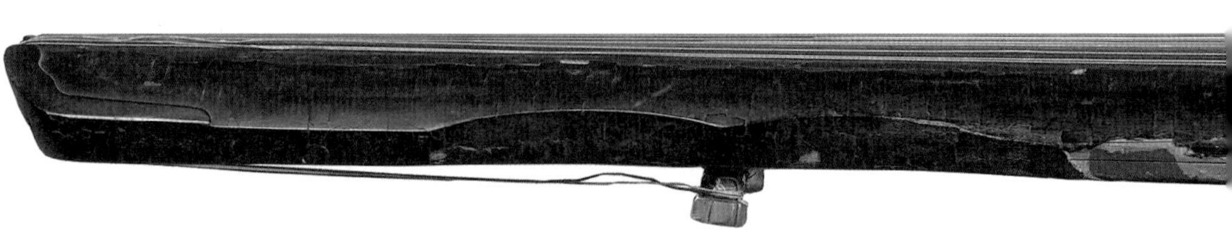

『春雷』琴侧面 ［旅顺博物馆藏］

何琴为君松下抚

北宋元符三年（1100），19 岁的赵佶即位，是为宋徽宗。

相传，徽宗之父神宗曾在秘书省观看南唐后主**李煜画像**，看后惊诧：不想李煜竟如此俨雅！回宫后，他夜梦李煜来谒。其时正逢他的第十一子出生，便取名赵佶。说来也巧，这位皇子竟从小沉迷笔墨丹青，琴棋书画样样精通，文采风流比李煜更胜一筹！

宋朝皇帝大多数崇信道教，徽宗更甚。北宋政和七年（1117），他自称教主道君皇帝。在此前后，相传他还专门绘图一幅，以表达自己“清静无为”“鸣琴而治”的理想。

这幅图画的是三五知己“雅集”的场景。在一棵古意盎然的松树下，一位身着道袍、头戴黄冠的主人端坐其间，神态自若地凝神抚琴，手下之琴通体黑漆，七弦十三徽隐约其上，岳尾、雁足清晰可见，面板浑圆，古意盎然。琴下之桌箱体宽大，应为特制；桌旁小几，上放托盘，盘中香炉，正自焚香……

主人身后古松亭亭如盖，苍虬如龙，凌霄花攀缘其上，动静相宜，有“庭中青松四无邻，凌霄百尺依松身”之感。松后绿竹左右摇曳，似有清风吹过。

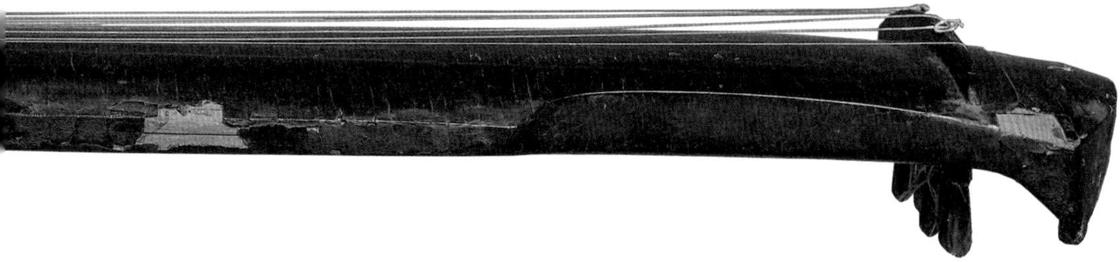

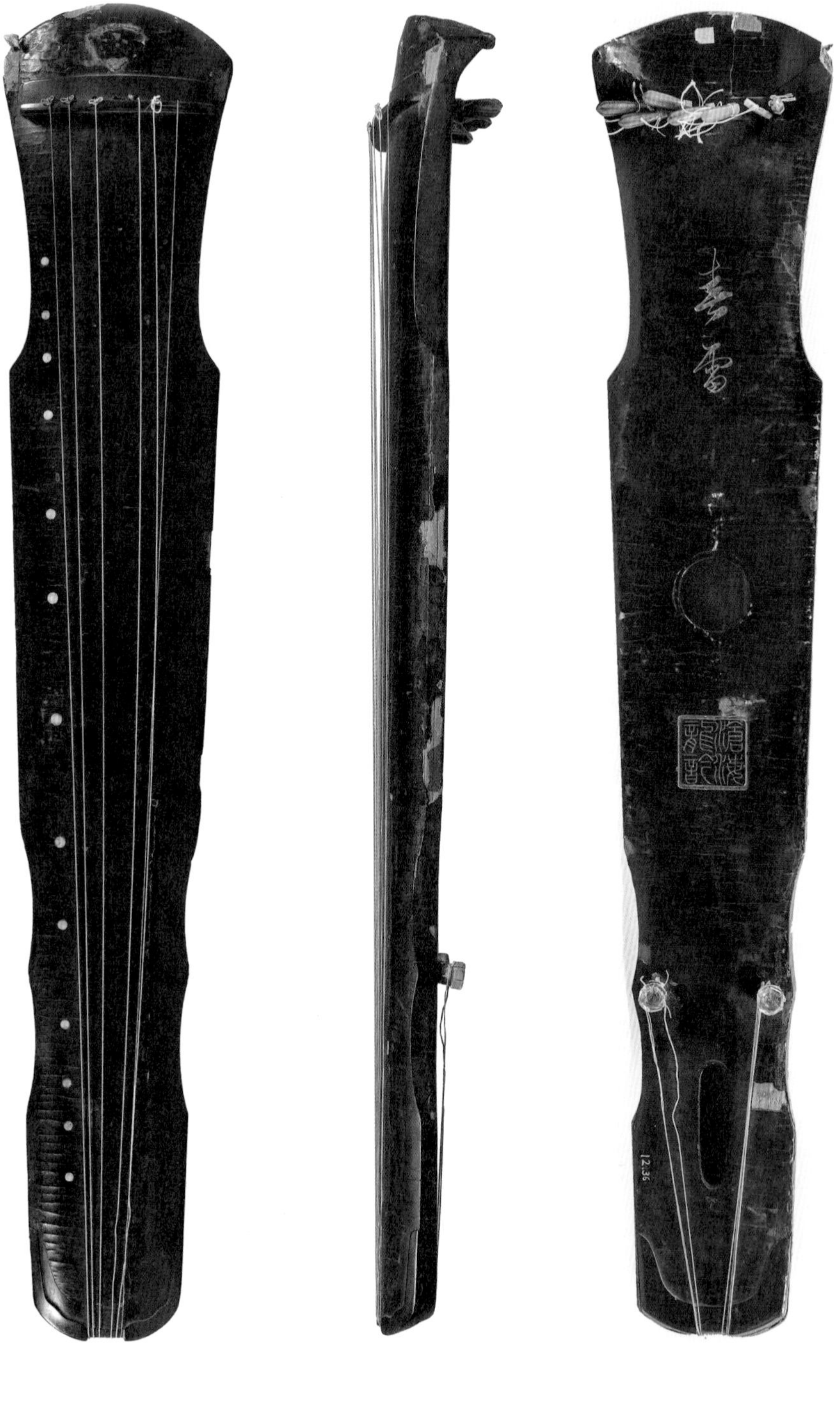

『春雷』琴正面、侧面、背面图〔旅顺博物馆藏〕

主人对面，两位纱帽官服者正对坐聆听。绿袍者笼袖仰面，静听出神，身后蓝衫童子执礼而立；红袍者持扇低首，一手反撑于坐垫之上，悠然入定。两人头戴幞头，腰束革带，俯仰之间，无所拘谨。听琴者前置玲珑石，上放古鼎，鼎中之卉，正自烂漫。

画的右上角有徽宗瘦金体题名《**听琴图**》，左下角有一特殊符号，似“天”又似“开”，为徽宗独特的画押，有学者说它有“天下一人”之意。后世多有学者认为：徽宗不仅为此画的作者，还身在其中，画中的抚琴者，便是他本人。

此画松盖之上有时任宰相蔡京的绝句：

吟徵调商灶下桐，松间疑有入松风。
仰窥低审含情客，似听无弦一弄中。

第一句说的是主人所奏之琴与东汉名士蔡邕从灶下救出之木所制“焦尾”琴一样名贵。徽宗曾在宫中建“万琴堂”收贮历代名琴，其中最为珍贵的便是唐代雷威所制“**春雷**”琴，号为内府第一琴。《听琴图》中徽宗所弹的可能便是此琴。因《松风》为古琴名曲，第二句说的便是琴曲与清风一样，润物无声。第三句是说图中“仰窥”“低审”之客均已被琴声所感。第四句是全诗点睛之笔。像陶渊明酒后抚“无弦”琴一样，《听琴图》中主客所听的不仅是琴声，还有琴声之外“清静无为”“鸣琴而治”的理想。“鸣琴而治”讲的是孔子之徒宓子贱为单父宰时，“身不下堂奏鸣琴，政简刑清无为治”之事。从《听琴图》来看，徽宗是很想达到这种境界的。

蔡京字写得好，北宋绍圣年间（1094—1098）已很出名。一年夏，蔡京立北门，门口的两位执役亲事官用白团扇为其扇凉。蔡京喜，在扇

北宋・传宋徽宗绘《听琴图》［故宫博物院藏］

上写下了杜甫诗句。不料，几日后团扇竟被端王以两万钱买走！这位端王便是后来的徽宗，徽宗对其字之爱可见一斑。

也有学者认为：此图中红衣者便是蔡京，甚至有人猜想绿衣者或是蔡攸（蔡京长子），或是童贯，不一而足。一幅古画不需要完全写实，不管这二人是谁，如在当时，徽宗弹琴，蔡京、童贯听琴的场面应不难出现。更何况画中所绘之古琴、花石、古鼎等物的由来也多与这几人有关。

童贯在徽宗年间位及人臣，每入朝办事，与宰相同列。但每退朝，他便换成短襟窄袖的衣裳，与宫内太监一起，供徽宗驱使，其媚上若此。北宋崇宁四年（1105），徽宗在苏州设“应奉局”，命童贯总“花石纲”事。

宋人习惯每十艘船编为一“纲”，可以想见当时花石运输的规模。《听琴图》中也画了四块看似不起眼的石头，它们也许就是“花石纲”运来的。

除花石外，徽宗对古画、古琴等也嗜好成癖，不惜令童、蔡之流重价搜求。当时，宫中宣和殿、保和殿，殿左右之稽古、博古、尚古诸阁，均贮藏各类古玩，收储历代名琴的“万琴堂”便在宣和殿中。除搜罗历代名琴外，徽宗还命人设立“官琴局”，大批量制作古琴。“官琴局”制琴均有定式，长短大小如一，与民间所制之琴渐渐分道扬镳，演化成古琴制作上非常重要的“官琴”“野斫”两个系统。

官家需索无度，人民不堪其扰。民谣唱道：“打破桶（童），泼了菜（蔡），便是好世界。”方腊本是浙江睦州青溪（今杭州淳安）富户，家有祖传漆园，自从朝廷在江浙设立“供奉局”后，木料、髹漆各类活计责成方腊供应，除此之外，还需承担“花石纲”等诸多名目。重压之下，他家产丧失，一贫如洗，只好铤而走险，聚众起义。方腊起义虽被镇压，但是金朝的骑兵却没那么好商量，靖康之变时，徽宗的收藏，悉数被金人所收缴，其中就有“万琴堂”中的那张“春雷”琴。

金内府诸琴之冠

北宋覆灭之际，金人将其宫廷宝物洗劫一空运往燕京（今北京），宣和内府的名琴随之进入金朝内府，成为内府藏品中的佼佼者。

金朝皇帝文化修养也很高，大多好琴。金熙宗守成之余“惟弄琴为乐而已”；世宗亦好此艺，于寝殿外设琴工“幕次鼓至夜分乃罢”；章宗是金朝的第六位皇帝，天资聪颖，喜读诗书，尤擅弹琴。金泰和年间（1201—1208），鼓琴天下第一的苗秀实便被章宗召为“琴待诏”。

章宗非常喜爱“春雷”琴，在他病重期间，因无子可立，深感无奈，常弹“春雷”琴来排解忧愁。临死之际，他要求将“春雷”琴和自己一同安葬在燕京房山的道陵。

1125 年，蒙古大军攻破金都，历史再一次重演，金内府的收藏又到了蒙古汗廷的大帐。这张“春雷”琴竟又被好事者找了出来，居然没有丝毫损伤，复为诸琴之冠。

成吉思汗胸怀宽广，珍宝并不被其所重，他更看重的是人才。当时，金中都有一位大才，他是辽太祖长子东丹王托云的八世孙，其父耶律履“通六经百家之书”，金章宗时官至尚书右丞。耶律履晚年得子，曾言：“吾年六十而得此子，吾家千里驹也。他日必成伟器，且当为异国用。”于是，他取“楚虽有材，晋实用之”之句为其子命名。楚材的母亲杨氏是金朝名士杨昙之女，雅好诗书，擅抚丝桐。因而自小楚材便跟随母亲读书、学琴。长大之后，他更是博览群书，天文、地理、律历、术数、释老、医卜，无所不通。他自称“琴癖”，先后师从“琴待诏”弭大用和苗秀实、苗兰父子。他琴学造诣极深，掌握近百首琴曲，擅弹《水仙操》

《广陵散》等曲，并能制琴、自创琴曲……

成吉思汗得知此人后，赶紧将耶律楚材招至帐下：“此人是天赐我家，以后军国庶政，都可以委托于他。”并亲切地称呼其为“吾图撒合里”（意为“长髯公”）。知耶律楚材爱琴，成吉思汗便把号称金朝内府第一琴的“春雷”琴送给他。耶律楚材得琴后，欣喜异常：“有我春雷子，岂惮食无肉。旦夕饱纯音，便是平生足。”此后，他常献治国安邦之策，屡立奇功。

元代著名书法家鲜于枢曾见过耶律楚材所藏的“春雷”琴，并说琴铭曰“承华殿春雷”，承华殿是金朝宫殿，当为金时所留。

耶律楚材 27 岁时，曾花三年时间跟随万松老人学佛。万松老人为一代名僧，学问渊博，善于鼓琴，二人常参“琴禅”，体会“以佛治心，以儒治国”之道。万松老人曾向耶律楚材求索古琴与琴谱，他便以“春雷”琴和《种玉翁悲风谱》相赠。

乃马真后（窝阔台汗之妻）摄政时期（1241—1246），朝政昏暗，耶律楚材受到排挤。有人趁机污蔑他“在相位日久，天下贡赋半入其家”，朝廷于是派麻里扎覆去调查，结果耶律楚材家中“唯琴阮十余，及古今书画、金石、遗文数千卷”而已。

1244 年，耶律楚材在弥留之际，将“春雷”琴托付给其子耶律铸。

耶律铸自小随父亲学琴，进步飞快。其父曾言：“儿铸学鼓琴，未期月，颇能成弄。”并专门为耶律铸写过一首琴歌《吾山吟》：

吾山吾山余将归，
予将归，深溪苍松园茅亭，扃柴扉。

水边林下，琴书乐矣。水边林下，琴书乐矣。不许市朝知。

猿鹤悲，吾山胡不归！

耶律铸曾任中书左丞相，忽必烈对他十分尊重，“朝廷有大事，必咨访焉”。耶律铸曾写《春雷琴》一诗：“素匣开寒玉，乌龙出秋水。长到夜深时，恐乘雷雾起。”透过诗歌，我们可知“春雷”琴有一琴匣，琴身通体为黑色（乌龙），声音雄浑，有苍海老龙之声。然而，好景不长。1283年，耶律铸因“妄奏东平人聚谋为逆”等获罪，“没其家资其半，徙居山后”。两年之后，耶律铸去世。

据南宋周密所撰《云烟过眼录》记载：“古绝品昔聚于宣和，后归之于金，今散落见存者如春雷，蜀人雷威作，赐傅初庵，可以为冠。”由此可知，耶律铸被罚没的财产中有“春雷”琴。后来，朝廷又将其赏赐给傅初庵。傅初庵，名立，字权甫，号初庵，江西德兴人，曾任乐平知州。

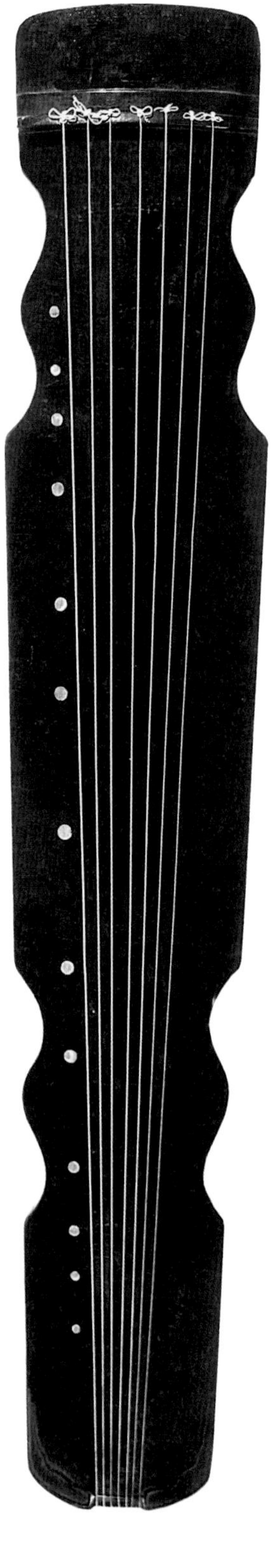

「春雷」琴正面、背面［上海博物馆藏］

傅初庵之后，“春雷”琴再次沉寂！

四张鸿宝遗世间

至今尚有四张“春雷”琴传世：一为旅顺博物馆收藏；一为上海博物馆收藏；一为中国台北故宫博物院收藏；一为汪孟舒先生旧藏。

旅顺博物馆藏“春雷”琴：伏羲式，琴背刻**草书“春雷”琴名**，龙池下刻“**苍海龙吟**”大印。1960 年，旅顺博物馆曾请古琴家查阜西先生鉴定此琴。1962 年，查先生到辽宁旅顺为该琴写下鉴定意见：“**春雷，漆糙均古，小蛇腹断，断齐而长，唐代物也，未必即宋内府原品，或民仿野斫，但时代绝不在五代之后。**”

上海博物馆藏“春雷”琴：凤势式，琴背刻**篆书“春雷”琴名**，龙池下刻“**风雷月高**”方印及“**春华**”圆印，有墨书“**唐雷霄□**”腹款。

中国台北故宫博物院藏“春雷”琴：连珠式，琴背刻**楷书“春雷”琴名**，龙池左右刻“**其声沉以雄，其韵和以冲，谁其识之出爨中**”铭文。近代画家张大千先生旧藏。民国初年，此琴为岭南何冠五所藏，后归汪精卫长兄汪兆镛。张大千系从汪氏手中购入，携往巴西。张大千长子好琴，此琴一度在其子之手。张大千逝世后，其子将琴捐赠给中国台北故宫博物院。

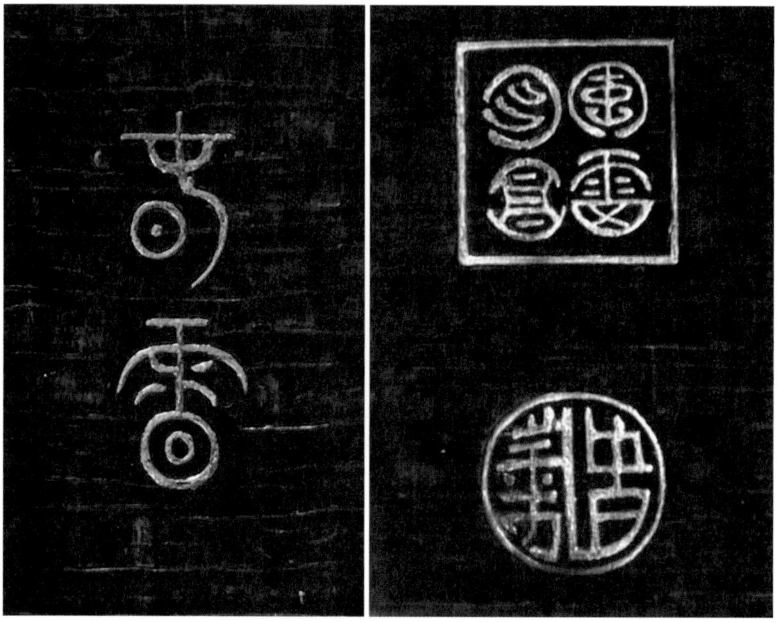

『春雷』琴琴名及印章 「上海博物馆藏」

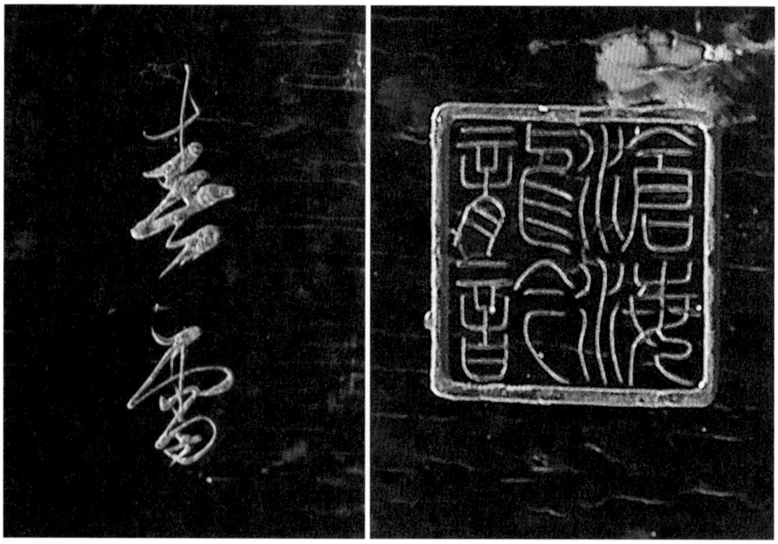

『春雷』琴琴名及印章 「旅顺博物馆藏」

近代琴家汪孟舒先生旧藏“春雷”琴：凤势式，琴背刻草书“春雷”琴名。因爱其琴，汪老名其居曰“春雷琴室”，并撰《春雷琴记》：“盐山孙莲塘尚书之子毓骥（展云）为汉军徐相国桐之长女婿，妆奁媵有唐琴春雷（闻购自裕王府），池下大方印‘玉振’，传为宋徽宗万琴室藏印。”此“春雷”琴传为裕亲王府旧物，清光绪年间为大学士徐桐所得，后将其作为大女儿的陪嫁，归了孙家，在孙家传了两代之后，因与汪家交厚，在 1934 年前后相赠，汪家回报以五十金，遂成一段佳话！

东坡先生的知音

林语堂先生曾说，
每个中国人提到苏东坡，
脸上都会露出会心的微笑，
东坡先生在诗文、书画等方面的成就自不必说。
在生活中，
他还是一个乐天派，
一个懂音律、有知音的人。

宋元丰四年至五年（1081—1082），苏轼写给好友陈季常的《新岁展庆帖》与《人来得书帖》合帖。［故宫博物院藏］

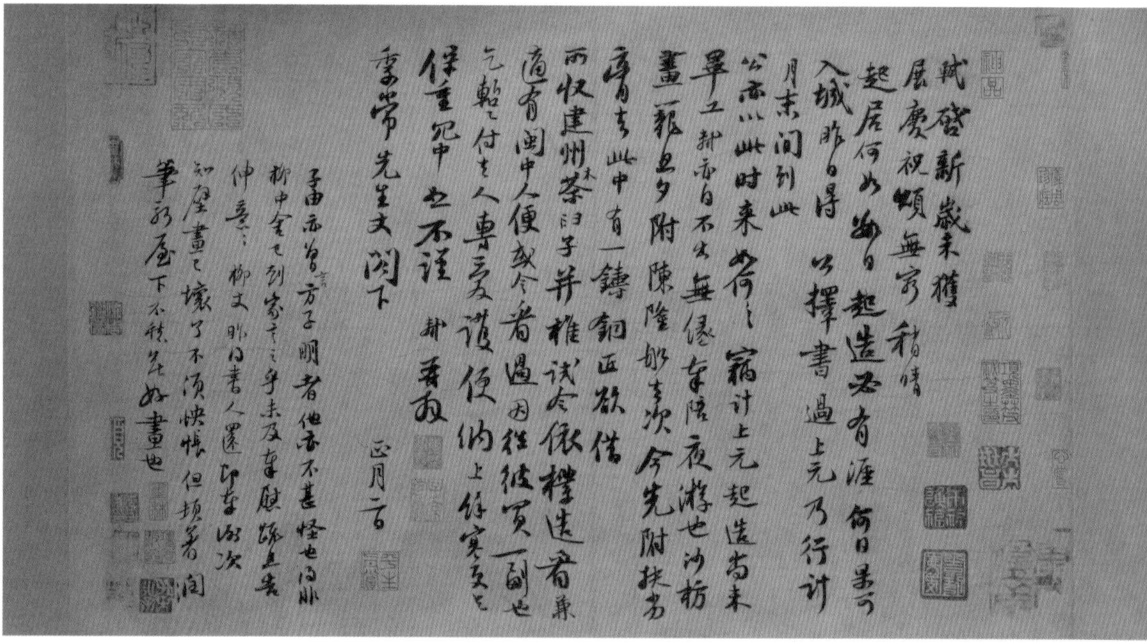

“百日归期恰及春，残生乐事最关身”

宋元丰二年(1079)腊月二十八日，42岁的苏轼(字子瞻，号东坡居士，世称苏东坡)终于放下高悬了一百多天的心，差点儿掉脑袋的“乌台诗案”结案，苏轼出狱，终于再也不用听御史台的乌鸦“哇、哇”鸣叫了。刚出狱的苏轼仿佛就已经忘记了这场文字狱，转身写下这样的诗句：“百日归期恰及春，残生乐事最关身……平生文字为吾累，此去声名不厌低。”

宋元丰三年(1080)大年初一，冒着初春的严寒，苏轼与长子苏迈一起，前往千里之外的贬所——黄州(今湖北黄冈)。几个月前，他还是一位刚刚上任的湖州知州，因为谢表里那句“陛下知其愚不适时，难以追陪新进；察其老不生事，或能牧养小民”的牢骚话，现如今变成了“黄州团练副使”，还“不得签书公事”，正应了那句他刚做官时写给弟弟苏辙的诗句：“人生到处知何似，应似飞鸿踏雪泥。”

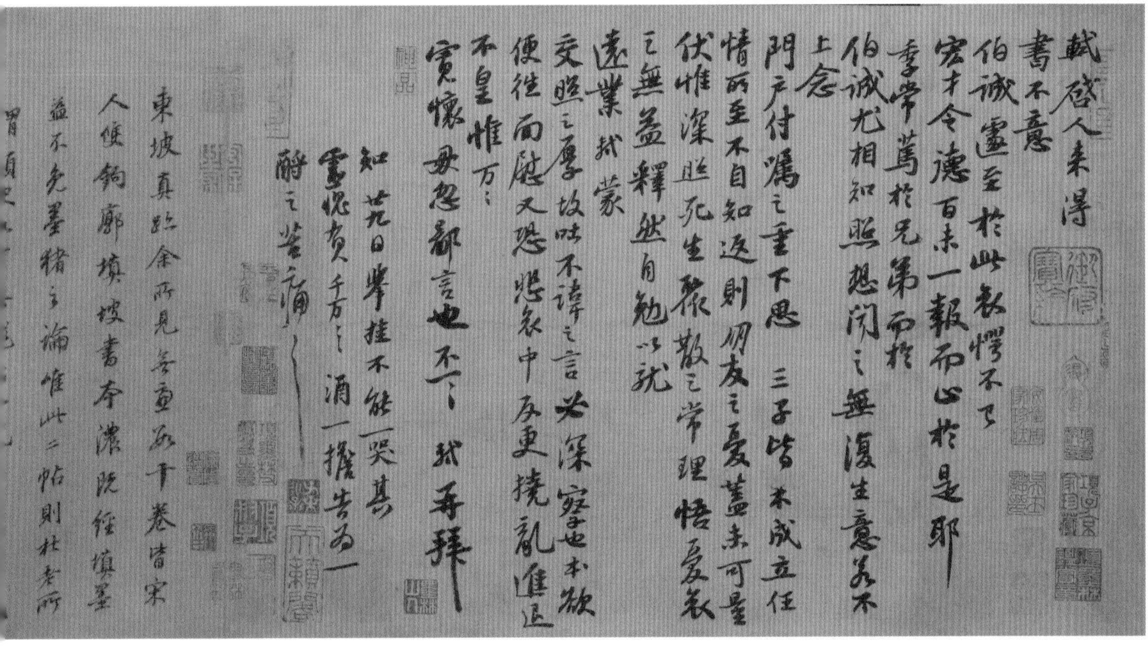

苏轼是性情中人，在琴棋书画上均有一番造诣。苏轼的父亲苏洵喜弹古琴，苏轼、苏辙兄弟都曾写过以“听大人弹琴”为主题的诗，《历代琴人传》引张衮《琴经・大雅嗣音》说：

“古代多以琴世家，最著者……眉山三苏。”

可见，苏轼受其父的影响也爱弹古琴，他还曾收藏过唐代著名斫琴家雷氏所斫之琴。能听懂苏轼“琴声”的知音也不少，仅“乌台诗案”受牵连的朋友就达三十九位。其中，有两位朋友苏轼觉得最对不住：一位是驸马王诜，他因提前泄露抓捕苏轼的消息而被罢黜一切官爵；另一位是好友王巩，他在京师秘书省正字任上被远谪宾州（今广西南宁宾阳）去监管盐酒税，是被贬谪最远的朋友。苏轼在《王定国诗集叙》中曾说：“今定国以余故得罪，贬海上五年，一子死贬所，一子死于家，定国亦几病死。余意其怨我甚，不敢以书相闻。”而王巩却安慰苏轼说自己正在宾州修行道家养生之术，让苏轼放心，二人友情之深溢于言表。

苏轼对朋友们心怀歉疚。贬谪路上他第一站便是绕道陈州（今河南淮阳）去悼念其十分敬佩的表兄文同，文同于宋元丰二年（1079）正月二十日去世，享年61岁，距此时已有一年的时间。文同擅长画竹，苏轼曾言：“（文同）画竹，必先得成竹于胸中。”文同作画，也常为苏轼留白：“勿使他人书字，待苏子瞻来，令作诗其侧。”知音辞世，苏轼却因故未能及时赶来，但他刚脱“虎口”，就来悼念。

文同藏有一张古琴，生前曾请苏轼题铭，苏轼写道：

“攫之幽然，如水赴谷。醳之萧然，如叶脱木。按之噫然，应指而长言者似君。置之枵然，遗形而不言者似仆。”

北宋・李公麟（传）绘《东坡笠履图》

还解释到：齐国相邹忌曾用“攫之深，醳之愉”形容弹琴指法精妙。因文同擅作楚辞，便有“长言者似君”之句。如今再见，琴在人亡，令人唏嘘！

在文同家待了十天，苏轼再次启程，十多天后，便接近黄州。

“黄州岂云远，但恐朋友缺”

正是冰雪初消的一天，苏轼一行来到岐亭（今湖北省麻城市岐亭镇）以北约二十五里处的山上。忽见一人骑白马、遮青盖、长啸而来。苏轼心想此人好生眼熟，再近些看不由一喜：“呜呼！此吾故人陈慥季常也。何为而在此？”陈季常也没想到能在这里遇到苏轼，问苏轼为什么到这里来。苏轼把前因后果说了一遍，陈季常“俯而不答，仰而笑，呼余宿其家”。

19年前，苏轼科场得意初仕便任凤翔府推官，陈季常正是他上司陈希亮的四公子。他们年龄相仿，意气相投，引为知音。想当年，陈季常骑射了得，曾与苏轼于马上论用兵及古今成败。十几年过去了，陈季常“精悍之色犹见于眉间”，何况陈家在洛阳“园宅壮丽与公侯等”，且“河北有田，岁得帛千匹，亦足以富乐”，但他为何“皆弃不取，独来穷山中”？苏轼带着这些疑问与陈季常攀谈起来。

“知我犯寒来，呼酒意颇急。拊掌动临里，绕村捉鹅鸭。”苏轼见故友如此热情，再联想到此时很多亲友唯恐跟他沾上半点关系，正是“黄州岂云远，但恐朋友缺”之时，心头不禁一热：“为君三日醉，蓬发不暇帻。”两人谈兴正浓时，不觉已然夜深，忽然隔壁陈妻柳氏一声大喝，想是催促二人就睡，陈季常之杖应声落地，两眼茫然……

盘桓五日，苏轼便前往黄州。

初到黄州，一家人的生计便成了问题，二十多口人挤在一处江边废弃的驿站“临皋亭”中。

这不是长久之计，在朋友马正卿（字梦得）的说和下，官府给了苏轼一块数十亩的旧营地，地在城东门外的小山坡上。苏轼想起唐代诗人白居易也曾在忠州东坡种花，便也叫它“东坡”，自号为“东坡居士”。这位马正卿与苏轼同岁，只比苏轼小八天，苏轼开玩笑地说：“是岁生者，无富贵人，而仆与梦得为穷之冠者。即吾二人而观之，当推梦得为首。”两人有着二十多年的交情，是共患难的朋友。

躬耕于此，苏轼将陶渊明的《归去来兮辞》“稍加增损”作《哨遍》一曲，使家童歌之，他也常扣牛角为其击节，颇有诸葛亮躬耕南阳歌《梁父吟》之感：

“噫！归去来兮。我今忘我兼忘世。亲戚无浪语，琴书中有真味。”

此时，不少亲戚、朋友均忌与苏轼交往，一些亲友也再无音信。就连苏轼在给朋友的信中都说，“不须示人”“看讫，便火之”，恐“好事者巧以酝酿，便生出无穷事也”。

但“知音”难阻。宋元丰三年（1080）六月，苏轼刚安顿下，陈季常就来看他，竟在黄州引起轰动。因陈季常行侠仗义，江湖上颇有名声。不少望族争相邀陈季常到家中做客，而他偏挤在苏轼的破房子里。苏轼也很得意，还写下《陈季常自歧亭见访郡中及旧州诸豪争欲邀致之戏作陈孟公诗一首》：“汝家安得客孟公，从来只识陈惊坐。”西汉游侠陈遵，字孟公，豪爽侠义，人人争欲邀请其至家中做客，当地有一列侯与陈遵同名，此人一来，门口通报亦是“陈孟公”，大家一听通报，纷纷起座，但进门一看，并非“孟公”，便给他起了“陈惊坐”的绰号。苏轼故意把陈季常比作陈惊坐，其实内心是十分开心的。

宋元丰四年（1081）六月二十三日，陈季常再次来访，这次他带来精笔、佳纸、妙墨，请苏轼题字。正好庐山的道士琴家崔闲在苏家久住，苏轼便拿出所藏之“雷琴”，与知音雅集。其间，苏轼写成《杂书琴事》十首赠给陈季常。其中“家藏雷琴”一条写到为探究“雷琴”的奥秘，苏轼曾将它剖腹，居然真的发现了“雷琴”的不传之秘——在琴腹中突出的木板上开槽沟，这样“声欲出而隘，徘回不去，乃有余韵”。后来，故宫博物院的鉴琴名家，便以这条标准将“九霄环佩”琴定为唐代雷氏作品。唐代“九霄环佩”琴是故宫博物院收藏的唯一一张盛唐琴的标准器，在此琴琴背、琴足上方还刻有行书琴诗一首：“蔼蔼春风细，琅琅环佩音。垂簾新燕语，苍海老龙吟。苏轼记。”这首诗虽然不见于苏轼文集，也可能并非苏轼的作品，但苏轼与古琴关系之深由此可见一斑。

苏轼还将那几天雅集所听之琴曲写给陈季常，有《子夜歌》《凤将雏》《公莫渡河》等十二首曲子。当写到古琴曲《瑶池燕》时，因是一首闺怨词，苏轼估计对那天的“河东狮吼”记忆犹新，还特意写下一句：

“此曲奇妙，季常勿妄以与人。”

苏轼在黄州的四年间，陈季常曾七次来访，苏轼亦曾三次去看望他，“盖相从百余日也”。因此，陈季常是苏轼在人生的第一个低谷期，最为亲密的朋友，也是最为要好的知音。故宫博物院现藏有《新岁展庆帖》与《人来得书帖》合帖，两帖均是苏轼于宋元丰四年至五年（1081—

1082）写给好友陈季常的，《新岁展庆帖》是约陈季常于正月十五日前后来黄州相会的，《人来得书帖》是苏轼得知陈季常的哥哥陈伯诚去世，宽慰朋友的一封信。虽然谪黄州时是苏轼人生的低谷期，但正是在黄州期间，他创作出了天下第三行书《寒食帖》，还创作出了千古名篇前后《赤壁赋》，能写出这样的传世佳作，除苏轼自我的修为外，朋友们的帮助也是功不可没的。

“此意在人间，试听徽外三两弦”

《杂书琴事》中还记有《欧阳公论琴诗》一事，苏轼对朋友们说，欧阳公（欧阳修）曾问他：“琴诗何者最佳？”苏轼答道：“韩愈之《听颖师弹琴》。”

昵昵儿女语，恩怨相尔汝。
划然变轩昂，勇士赴敌场。
浮云柳絮无根蒂，天地阔远随飞扬。
喧啾百鸟群，忽见孤凤凰。
跻攀分寸不可上，失势一落千丈强。
嗟余有两耳，未省听丝篁。
自闻颖师弹，起坐在一旁。
推手遽止之，湿衣泪滂滂。
颖乎尔诚能，无以冰炭置我肠！

欧阳公云：

“此诗最奇丽，然自是听琵琶诗。非琴诗。”

后来，苏轼专门作了一首《听杭僧惟贤琴》：

大弦春温和且平，小弦廉折亮以清。

平生未识宫与角，但闻牛鸣盎中雉登木。

门前剥啄谁叩门？山僧未闲君勿嗔。

归家且觅千斛水，净洗从前筝笛耳。

诗成之后，本想寄给欧阳公，谁想此时欧阳公竟已薨逝，苏轼常引以为恨……

之前每每读到此处，笔者总有疑惑，为何欧阳修说韩愈的《听颖师弹琴》是听琵琶诗？直到我读到唐代诗人李贺的《听颖师弹琴歌》才明白。李贺诗中说：

“竺僧前立当吾门，梵宫真相眉棱尊。古琴大轸长八尺，峄阳老树非桐孙。”

才知颖师是天竺僧人，他所弹之琴长八尺，远比我们常见的三尺六寸的古琴长大得多，很可能是外族之琴，自此方知欧阳修真苏轼之师也。

苏轼得中时，欧阳修是主考官，欧阳修本想给苏轼的卷子第一名，但又觉得这份卷子有可能是他的学生曾巩的，为了避嫌而将其列为第二，后来揭榜才知此卷为苏轼所写，二人遂成师徒。在更为重要的制科考试中，苏轼终于荣登榜首。欧阳修有意提携苏轼，在给副主考梅尧臣的信中写道：“读轼书，不觉汗出，快哉快哉！老夫当避路，放他出一头地也。”

宋熙宁四年（1071），苏轼赴任杭州通判时，曾与弟弟苏辙一起专程去颍州（今安徽阜阳）拜望已告老还乡的欧阳修，并在其家盘桓二十余日。此时，欧阳修怡然自乐，对兄弟二人说："吾集古录一千卷，藏书一万卷，有琴一张，棋一局，置酒一壶，吾老其间，是为六一居士。"没想到，这竟是他们的最后一次相见。

在黄州，苏轼再次谈起欧阳修，琴师崔闲又弹起了一首与欧阳修渊源甚深的曲子《醉翁吟》。宋庆历五年（1045），欧阳修因为范仲淹辩护而被贬职滁州，作出名篇《醉翁亭记》。十余年后，太常博士沈遵看到这篇文章深受感动，闻而往游，以琴写其声，作《醉翁吟》一曲。欧阳修听到此曲后也十分高兴，写诗相赠："醉翁吟，以我名，我初闻之喜且惊。"三十余年过去了，二人均已不在。而今座上一位是欧门弟子，一位是沈氏琴友，崔闲便请苏轼为其补词。苏轼挥笔而就：

琅然，清圆，谁弹，响空山。无言，惟翁醉中知其天。月明风露娟娟，人未眠。荷蒉过山前，曰有心也哉此贤。

醉翁啸咏，声和流泉。醉翁去后，空有朝吟夜怨。山有时而童颠，水有时而回川。思翁无岁年，翁今为飞仙。此意在人间，试听徽外三两弦。

五代·周文矩《宫中图（二）》宋摹本　［克利夫兰美术馆藏］

南宋琴『韵雪』背后的爱恨情仇

宋琴『韵雪』现收藏于浙江省博物馆。

此琴流传有序，

曾被明、清两位古琴流派的开山祖师所收藏，

还曾被与董小宛、柳如是、陈圆圆齐名的卞玉京所珍存，

并见证了卞玉京与大才子吴梅村的一场悲欢离合……

宋·『韵雪』琴琴头 〔浙江省博物馆藏〕

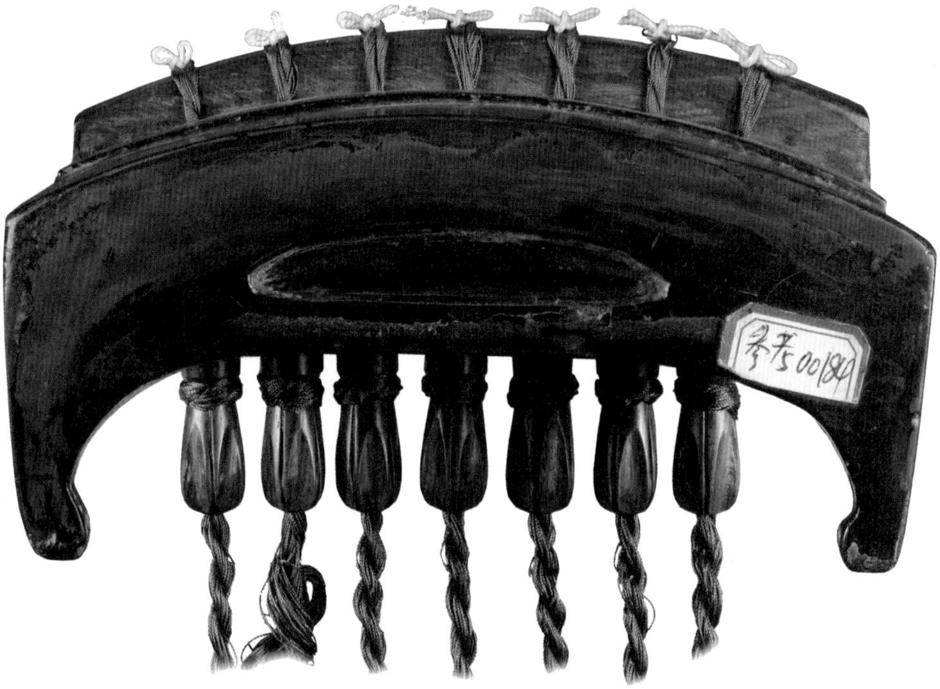

“韵雪”珍藏松弦馆

“韵雪”是一张南宋仲尼式琴，通身髹栗壳色漆，漆面经过岁月的剥蚀，形成流水般的断纹。琴面上镶嵌有蚌壳做的 13 个泛音点，学名叫“**徽位**”。琴背拴琴弦的琴轸与雁足均为木制，与琴身色调浑然一体，散发着一种古朴的味道。

“韵雪”琴名刻在了琴背龙池上方，琴名下有一方“**松弦馆珍玩**”的红色印，说明这张琴曾归明清之际影响最大的琴家、虞山琴派的创始人严澂所有，他所编纂的《松弦馆琴谱》是中国历史上最大的丛书《四库全书》中收录的唯一一部明代琴谱。龙池之内琴腹的右侧刻有隶书“**至德元载**”四字年款，“至德”是唐肃宗李亨的年号，为 756 年至 758 年。至德年间称年为“载”，至德元载即至德丙申，为 756 年。龙池内左侧刻隶书“**青莲居士造**”，青莲居士就是唐代诗仙李白，这一年李白 55 岁，正在为避“安史之

宋·『韵雪』琴琴尾（浙江省博物馆藏）

宋·『韵雪』琴琴名（左）、印章（右）

乱”而南奔，途中还作有《奔亡道中五首》《经乱后将避地剡中留赠崔宣城》等诗。浙江省博物馆将“韵雪”断为宋琴，若博物馆断代准确，此腹款应为伪款。

此琴铭文丰富，除琴名与腹款外，龙池左右还有不少铭文，而且龙池右侧最上方的一段铭文正是严澂所写。铭文是：“**达人玄会，于尔寄之。谁属而和，松间流飔。希声自然，古今不移。怡情澹漠，游世黄羲。伦清化洽，民物蕃滋。甲辰清和月严澂谨赞。**”下落“**天池山樵**”朱印。

严澂（1547—1625）字道澈，号天池。他是南直隶常熟（今江苏常熟）人，出身官宦世家，家学渊源。父亲严讷（1511—1584）是明嘉靖二十年（1541）进士，官至吏部尚书兼武英殿大学士，入参机务，位同相国，有《严文靖公集》传世。

“甲辰”指明万历三十二年（1604），“清和月”是农历四月。这一年严澂 57 岁，他因父荫官，出任福建邵武知府。清代王应奎所作《柳南随笔续笔》中记载：“严太守天池（澂），相国文靖公子也。将赴邵武之任，与郡邑城隍神约曰，‘某必不携邵武一钱归，神其鉴诸！’”到任后，他果然严守誓言，两袖清风、革除积弊。只是当地习俗中有“茶果银”一项，相沿已久，当地诸公苦劝他将“茶果银”作为薪水收下，待到他致仕回乡之时，“茶果银”已积至千金。严澂说：“吾前与城隍神约，不携邵武一钱归矣，此银何所用？其以为修治桥梁费乎！”“于是择日鸠工，自郡之齐门外，至邑之南门，凡桥梁之倾圮者，悉修治焉。行人至今便之。”

从左至右依次为：龙池右侧腹款、龙池左侧腹款、琴铭一、琴铭二。

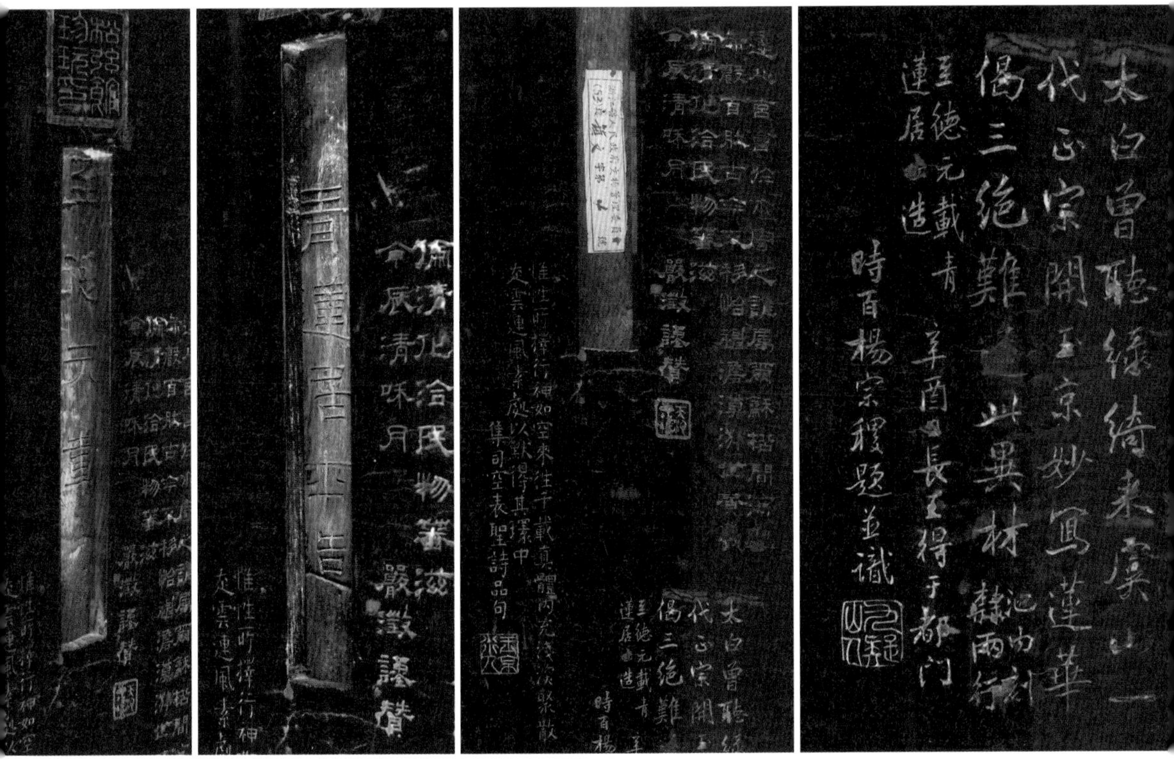

严澂不仅为官清廉，还曾发起组织了“琴川社”，提倡“清微淡远”的琴风，对当时滥制琴歌的风气进行了一定程度的纠正。“虞山派”在他的带领下也成为明清之际最有影响的古琴流派。

玉京、梅村难相守

在严澂琴铭的左下方有一段明末玉京道人题铭：“**惟性所宅，行神如空。来往千载，真体内充。浅深聚散，走云连风。素处以默，得其环中。**”款署“**集司空表圣诗品句**”，下刻“**玉京道人**”印。可知严澂之后，此琴又辗转至卞玉京处收藏。卞玉京刻铭时，有意低于严澂，以示对于琴学一代宗师的尊敬。

“司空表圣”是唐代文学家司空图，这段铭文便是将司空图的诗作集句而成。“玉京道人”是谁呢？她便是明末与董小宛、柳如是、陈圆圆等人齐名的卞玉京。明末文人余怀（1616—1696）在《板桥杂记》中曾将顾横波、董小宛、李香君、卞玉京、寇白门、马湘兰、柳如是与陈圆圆八位明末清初秦淮河畔才艺双全的名伎称作“秦淮八艳”。

鼎湖当日弃人间，破敌收京下玉关。
恸哭六军俱缟素，冲冠一怒为红颜。

这四句诗是明代诗人吴伟业的代表作《圆圆曲》里的名句。“冲冠一怒为红颜”说的是陈圆圆与吴三桂的爱情故事。这首诗将中国古代叙事诗推向新的高度，一度达到当时读书人无人不知、无人不晓的境界。

吴伟业（1609—1672）号梅村，所以常被叫作“吴梅村”。他是江苏太仓人，曾开创娄东诗派，与诗人钱谦益、龚鼎孳并称“江左三大家”，所作诗歌自成一体，被后人称作“梅村体”。吴梅村除《圆圆曲》之外，还作有多首与卞玉京相关的诗歌来纪念二人之间那段爱而不得的往事。

清康熙七年（1668）九月，已然六旬的吴梅村在一个收获的季节来到了江苏无锡卞玉京的墓前。此时两人已天人永隔三年之久。垂垂老矣的吴梅村一个人痴痴地在墓前坐了很久，脑海中像过电影一样回顾着卞玉京的一切，并将它写了下来："玉京道人，莫详所自出。或曰秦淮人。姓卞氏。知书，工小楷，能画兰，能琴。"

18 岁那年，卞玉京侨居苏州虎丘，所居之处被她收拾得一尘不染。日日与佳墨良纸相伴的她十分聪颖，"虽文士莫及也"。她那深邃的像一汪清澈湖水的双眸很容易给人留下深刻的印象。

明崇祯十四年（1641）春，吴梅村在江苏南京水西门外的胜楚楼上为赴任四川成都知府的胞兄吴志衍饯行。就是在这次宴会上，吴梅村第一次邂逅了前来为胞兄送行助兴的卞玉京姐妹。两姐妹本出身官宦之家，后因父母早亡才沦为歌伎。此时，吴梅村已是名满天下的才子，卞玉京也是艳绝秦淮的佳人，甫一相见，便倾心相交。卞玉京亦顾不得许多"遂欲以身许"。在酒酣耳热之际，她手抚几案，回首含情脉脉地问道："亦有意乎？"可惜，吴梅村却装作一副听不懂的样子，卞玉京长长地叹了口气……

五六年后，吴梅村终于再次得到了卞玉京的消息，听说她在江苏常熟海虞县一位故人之处，吴梅村便找机会路过此处，有朋友也帮忙张罗去请卞玉京。在大家停杯等候之时，终于有人来报："卞玉京到了。"但她并没有出现在大家眼前，而是徘徊良久又回车入内宅，朋友屡次相请，还是不肯出来。看到这种情形，吴梅村懊悔不已，但他心知肚明，这纯属："吾自负之，可奈何！"

回到家后，吴梅村一口气写了四首诗，诗中充满悔意：“欲悔石城吹笛夜，青骢容易别卢家。”“原知薄幸逢应恨，恰便多情唤却羞。”“休将消息恨层城，犹有罗敷未嫁情。”“青衫憔悴卿怜我，红粉飘零我忆卿。”数月后，卞玉京见诗，知道了吴梅村的心意，便带着侍女柔柔来相见。卞玉京唤柔柔取所携琴来，为吴梅村弹琴，泪眼婆娑地诉说着自己悲惨的际遇。听完卞玉京的讲述后，吴梅村知道两个人已经再也回不去了，这也是二人的最后一次相见。就这样“吴体诗”的代表作《听女道士卞玉京弹琴歌》便因情而生：

驾鹅逢天风，北向惊飞鸣。
飞鸣入夜急，侧听弹琴声。
借问弹者谁？云是当年卞玉京。
玉京与我南中遇，家近大功坊底路。
小院青楼大道边，对门却是中山住。
中山有女娇无双，清眸皓齿垂明珰。
曾因内宴直歌舞，坐中瞥见涂鸦黄。
问年十六尚未嫁，知音识曲弹清商。
归来女伴洗红妆，枉将绝技矜平康，
如此才足当侯王！

除了这首诗，吴梅村还写了一首词《临江仙·落拓江湖常载酒》来纪念这段无法得到的爱情：

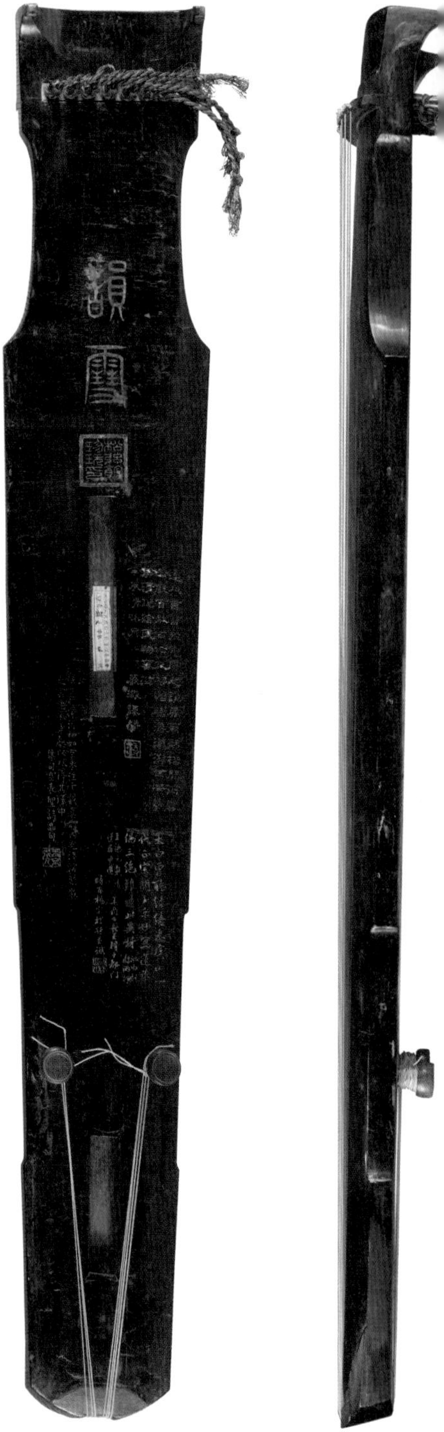

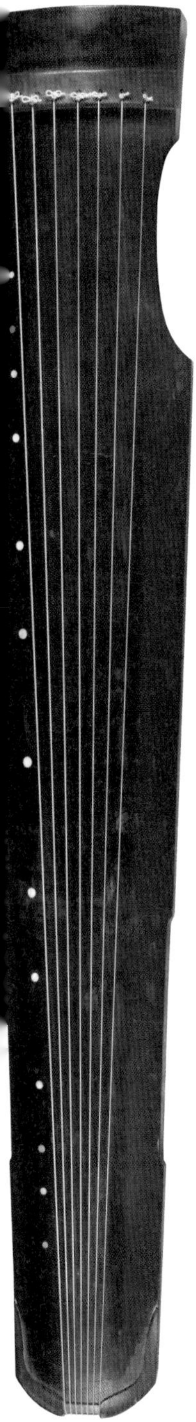

宋·『韵雪』琴正面、侧面、背面「浙江省博物馆藏」

落拓江湖常载酒，十年重见云英。依然绰约掌中轻。灯前才一笑，偷解砑罗裙。薄幸萧郎憔悴甚，此生终负卿卿。姑苏城外月黄昏。绿窗人去住，红粉泪纵横。

两年后，卞玉京嫁给了一位浙江的世家子弟郑建德。但二人感情不和，卞玉京便将才貌双全的侍女柔柔进奉给他，自己选择离开，依托吴中一位70余岁的良医保御，落发入道。保御为她“筑别宫，资给之良厚”。卞玉京也知恩图报，花了三年时间，刺舌血为保御写了一部《法华经》，并亲自为其撰写序文。十余年后，卞玉京仙去。

吴梅村来到卞玉京的墓前，感慨万千，写下了《过锦树林玉京道人墓并序》来纪念那段美好的时光。

三年后的康熙十年（1671），吴梅村“旧疾大作，痰声如锯，胸动若杵”，他预感将不久于人世，便留下遗言：

“吾一生遭际万事忧危，无一刻不历艰险，无一境不尝艰辛，实为天下大苦人。吾死后，敛以僧装，葬吾于邓尉灵岩相近，墓前立一圆石，曰‘诗人吴伟业之墓’。”

同年十二月二十四日，吴梅村带着遗憾病逝，终年63岁。

严澂与“玉京道人”琴铭下还有一则琴铭，题铭人为清末民国间著名琴家、九嶷派开山宗师**杨宗稷**。杨宗稷的琴铭为：**“太白曾听绿来，虞山一代正宗开。玉京**

妙写莲华偈，三绝难逢此异材。”落款为：“辛酉日长至得于都门，时百杨宗稷题并识。”下有“九嶷山人”方印。据题款可知，杨宗稷是于某年的夏至，此日正好是辛酉日，在北京得到这张琴的。这首诗说明了此琴的流传序列。杨氏在《琴学丛书》中曾给予这张琴很高的评价：“十余年来，予所见古琴题跋之真而且精者，无过于此。声音之妙，亦与鸣凤来凰相伯仲。”据杨宗稷记载，此琴面、底原均呈流水断纹，经其重修后，琴面断纹去尽，琴背仍有流水断纹。

杨宗稷之后此琴归徐桴（1882—1958）收藏。徐桴 1905 年加入中国同盟会，曾任黄埔军校政治教官、上海特别市财政局局长、上海市银行

总经理、上海兴业信托社董事兼总经理等职，他亦十分喜爱古琴。1932年，杨宗稷离世前，通过好友虞和卿引见，将“半百琴斋”的21张古琴售予徐桴。徐桴在《镇海塔峙圃藏琴录》序言中写道：“**胜利（指抗战胜利）以还，言念家山圃中书籍，所藏二十一张古琴，劫后视之，依然无恙。是琴也，为杨君时百旧物，虞君和卿，予琴友也，介以售于余。间有唐宋元明精品，爰购藏之于塔峙圃。**”1953年，宋琴“韵雪”入藏浙江省博物馆。

北宋·李公麟《商山四皓会昌九老图》

元琴

第三章

「石涧敲冰」琴正面、侧面、背面
［四川博物院藏］

元代宰相耶律楚材藏琴旧事

据文献记载，
元代宰相耶律楚材曾使用、收藏过
「春雷」「玉涧鸣泉」「升元宝器」「玉振」「不出户」「石上流泉」「寒玉」等众多名琴，
但这些琴大都湮没于历史的尘埃之中。
据学者考证，
目前收藏于四川博物院的传世古琴中还有一张耶律楚材曾经使用过的琴，
它就是「石涧敲冰」琴。

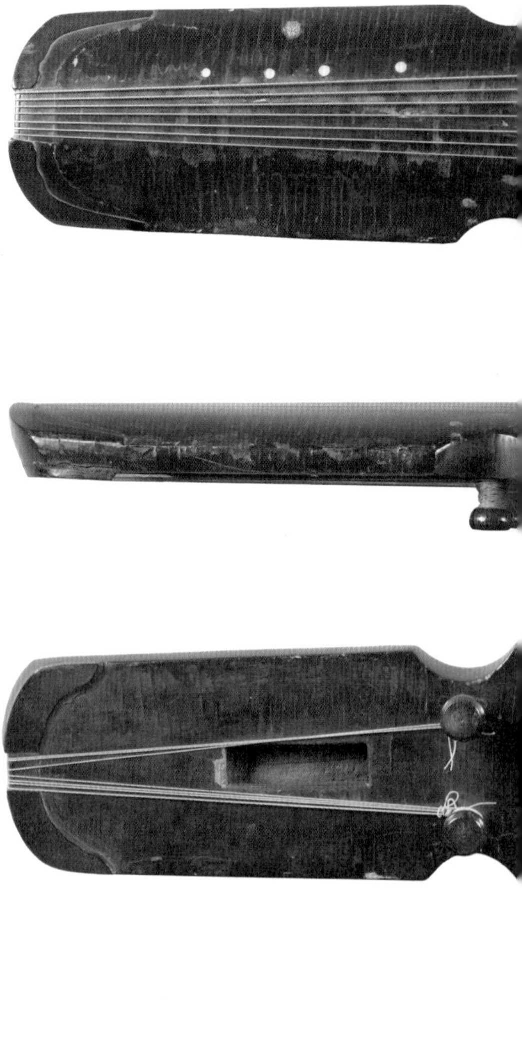

“楚虽有材，晋实用之”

明昌元年（1190）六月二十日，一声婴儿的啼哭打破了金国尚书右丞耶律履家的宁静，素有贤名的耶律履居然在60岁时迎来了第三个，也是最后一个儿子。耶律履“通六经、百家之书，尤邃于《易》《太玄》，至于阴阳方技之说、历象推步之术，无不洞究”，是一位博古通今之人。

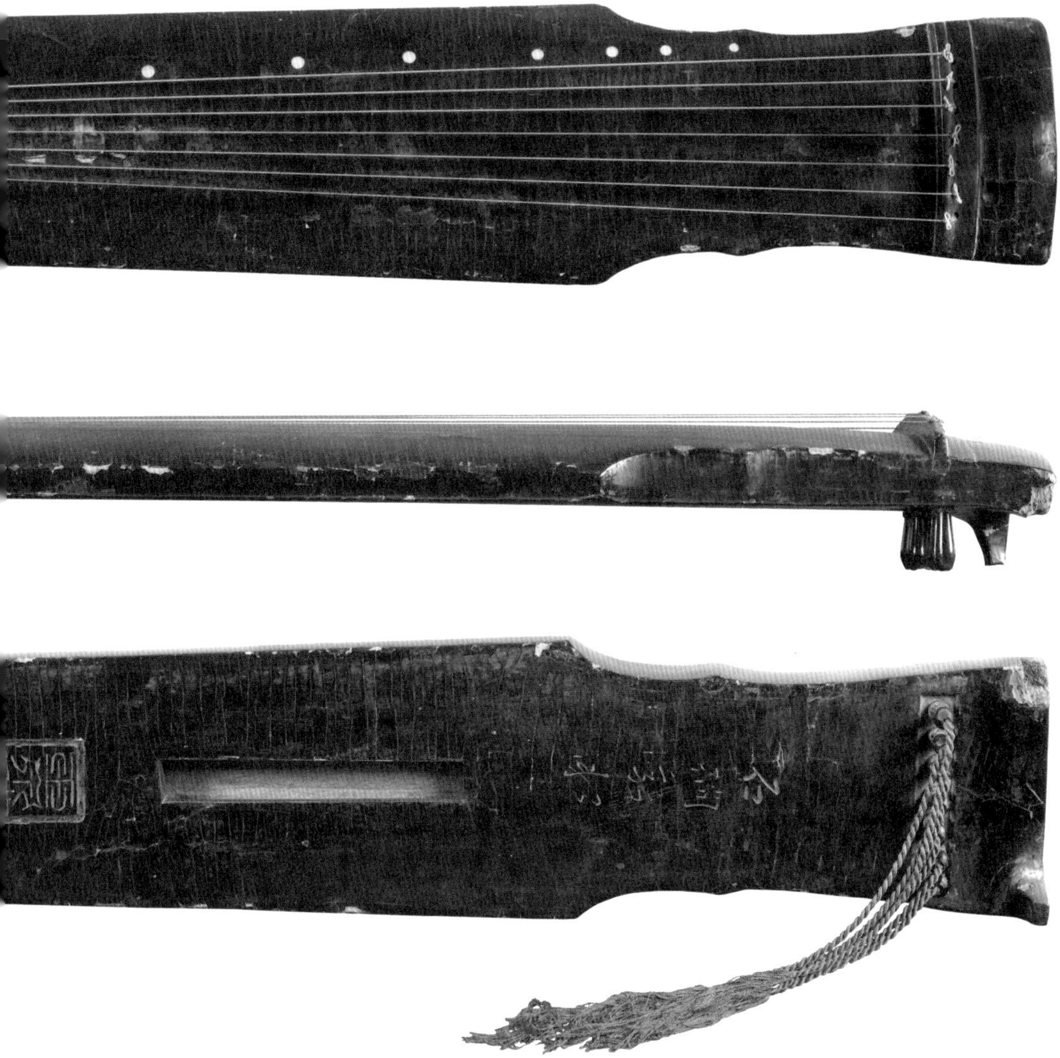

因此，他特别注重才学，在其子们的名字中均加入一个“材”字，大儿子名叫耶律辨材，二儿子唤作耶律善材。至于小儿子，他曾对亲朋们说：“吾年六十而得此子，吾家千里驹也，他日必成伟器，且当为异国用。”采《左传》“楚虽有材，晋实用之”之典，为其取名为“耶律楚材”。

耶律楚材两三岁的时候其父便去世了，抚养他的重任落到了其母杨氏的身上。《元史·耶律楚材传》中说：“生三岁而孤，母杨氏教之学。”耶律楚材在《思亲用旧韵二首》之二注中也有“挑灯教子哦新句，冷淡生涯乐有余”之句，可知杨夫人的确是位知书达礼之人。宋子贞《中书令耶律公神道碑》说：“母夫人杨氏诲育备至。”

杨夫人不仅教耶律楚材读书写字，而且她曾于“泰和末，教授禁中”。泰和（1201—1208）是金章宗的第三个年号，也是最后一个年号。金国的皇帝大多喜爱弹琴，章宗尤甚。杨夫人受到了宫廷风气的影响，再加上有“教授禁中”的机会，因此，她对古琴也有着极大的兴趣。耶律楚材与其第二任妻子苏氏（北宋文学家苏东坡四世孙、威州刺史公弼之女）所生之子耶律铸曾在和祖父（耶律履）的一首诗中说：

“先祖文献公赠祖母国夫人《弹琴诗》云，‘料应不入常人耳，独向松根月下弹’之句，孙铸谨追和。”

耶律楚材在《思亲二首》中也记有“**老母琴书老自娱，吾山侧近结蘧庐**”的诗句，这一年老母已60岁。可见，其母自青年至老年均十分喜爱弹琴。

耶律楚材在《冬夜弹琴颇有所得乱道拙语三十韵以遗犹子兰》中说：

“湛然（耶律楚材之号）有琴癖，不好凡丝竹。儿时已存心，壮年学愈笃。”

其儿时就已留心弹琴了。而且耶律楚材曾说：

“昔吾学鼓琴，豪气凌青天。轻笑此小技，何必师成连。宝架翻旧谱，对谱寻冰弦。自弹数十弄，以为无差肩。”

从此诗来看，耶律楚材一开始是自学的古琴，这期间可能会受到其母影响。

关于耶律楚材的第一位古琴老师，他曾说：

“予幼年刻意于琴，初受指于待诏弭大用。”

弭大用是金国皇宫的古琴待诏，作为皇家的御用琴师，他的琴学水平是很高的：

“余方谒弭君，服膺乃拳拳。相对受指诀，初请歌《水仙》。吟猱不踰矩，节奏能平平。起伏与神会，态状如云烟。朝夕从之游，琴事得大全。”

耶律楚材跟随弭大用学习了古琴的指法，并学习了《水仙操》等琴曲。耶律楚材认为，他右手的吟猱等演奏技法做得特别好，节奏也很稳当。乐曲的起伏能让人心领神会，而且他弹琴的状态特别好，有云烟袅袅之感。跟随弭君学习，耶律楚材打下了良好的基础，而且他很喜欢弭君“闲雅平淡，自成一家”的风格，“昔我师弭君，平淡声不促。如奏清庙乐，威仪自穆穆”。所以耶律楚材跟他朝夕相处后，琴事得以大全。

耶律楚材“年十七，书无所不读，为文有作者气”。按照金代的制度，宰相之子可以通过简单的考试从而补省掾（中枢各省的佐治官员）之缺，“公不就”。“章宗特赐就试，则中甲科，考满，授同知开州事。”但他靠自己的本事考取了官职。金宣宗贞祐二年（1214），“宣宗南渡，丞相完颜承晖留守燕京，行尚书省事，表公为左右司员外郎”。此时，耶律楚材 25 岁，两位兄长辨材、善材皆护驾，只有楚材留守燕京。从这一年开始，耶律楚材开始跟随万松老人（1166—1246）学习佛法，二人还一同参悟琴禅，“遇万松老人，旦夕不辍叩参者三年”。1234 年，万松老人在为《湛然居士集》作序时曾说：

“湛然居士年二十有七，受显诀于万松。其法忘死生、外身世，毁誉不能动，哀乐不能入。湛然大会其心，精究入神，尽弃宿学，冒寒暑、无昼夜者三年，尽得其道。”

耶律楚材很是推崇万松老人，他曾说：

“有万松老人者，儒释兼备，宗说精通，辨材无碍。”“万松老人为宗门之大匠，四海之所式范。”

在《湛然居士集》中耶律楚材亲切地称呼其为万松老师，如《弹琴逾时作解嘲以呈万松老师》。

耶律楚材在《万松老人琴谱诗一首》的序言中说：

“万松索琴并谱，余以承华殿春雷及《种玉翁悲风谱》赠之。”

这首诗写于 1233 年至 1236 年，也就是说在这几年中，耶律楚材将其收藏最好的琴“**春雷**”和**《种玉翁悲风谱》**送给了万松老人。种玉翁

明·沈硕《携琴观瀑图》轴 〔故宫博物院藏〕

全名为东岫种玉翁，是人品高胜，落笔不凡，且妙于琴事的江西九江人田唐卿之号。种玉翁善鼓琴，音节抑扬，为当时第一。耶律楚材将当时的天下第一琴和号为第一的弹琴人所著之琴谱都送给了万松老人。

1218年春，28岁的耶律楚材被成吉思汗征召入见，耶律楚材此时身长八尺，美髯，帝伟之，称呼其为乌尔图萨哈勒（长髯人）。成吉思汗对耶律楚材说："辽与金为世雠，吾与汝已报之矣。"耶律楚材对曰："臣父祖以来皆尝北面事之，既为臣子，岂敢复怀贰心，雠君父耶！""上雅重其言，处之左右，以备咨访。"此后，耶律楚材开始逐渐成长为一个"凡星历、医卜、杂算、内算、音律、儒释、异国之书，无不通究"的百科全书式的人才。

在古琴上，耶律楚材还有一位良师益友，他就是被耶律楚材誉为弹琴"当今第一"的苗秀实。耶律楚材说：

"古唐栖岩老人苗公，秀实其名，彦实其字，博通古今，尤长于《易》……公善于琴事，为当今第一。尝游于京师士大夫间，皆服其高妙。泰和中，诏天下工于琴者，侍郎乔君举之于朝，公待诏于秘书监。"

耶律楚材"每得新谱，必与栖岩商榷妙意，然后弹之。朝廷王公大人邀请栖岩者无虚日，予不得与渠对指传声，每以为恨"。1232年冬，蒙古大军"济长河，破潼关，涉京索，围汴梁"，耶律楚材恐苗秀实有失，"奏之朝廷，索栖岩于南京"，只可惜苗秀实"达范阳而弃世"。后来，苗秀实之子苗兰"挈遗谱而来，凡四十余曲。予按之，果为绝声。大率署令卫宗儒之所传也，余令录之，以授后世"。苗兰也擅于弹琴，其"琴事深得栖岩之遗意。甲午之冬，余扈从羽猎，以足疾得告，凡六十日，对弹操弄五十余曲，栖岩妙旨于是尽得之”。

成吉思汗时期，“帝（太宗）每征讨必命楚材卜……（太祖）指楚材谓太宗曰，此人天赐我家，而后军国庶政当悉委之”。在跟随征讨期间，耶律楚材常常没有时间弹琴以至于“金朋兰友音书绝，玉轸朱弦尘土生”，甚至连最初学琴时学会的琴曲都忘记如何演奏了，“牢落十年扈御营，瑶琴忘尽《水仙》声”。但是随着时间的推移，太祖和太宗却越来越倚重耶律楚材。辛卯年（1231），“帝（太宗）笑谓楚材曰：‘汝不去朕左右而能使国用充足。南国之臣复有如卿者乎？’”耶律楚材谦虚地说：“在彼者皆贤于臣，臣不才故留燕为陛下用。”“帝嘉其谦，赐之酒即日拜中书令。”丙申年（1236）在会见诸王大臣时，太宗亲自执觞（酒器）赐给耶律楚材，并对47岁的耶律楚材说：“朕之所以推诚任卿者，先帝之命也。非卿，则中原无今日。朕之所以得安枕者，卿之力也。”

太宗去世后，皇后尼玛察氏临朝称制，崇信奸佞温都尔哈玛尔，大臣悉皆畏附。只有耶律楚材敢面廷折争，言人所难言。皇后下旨将御宝空纸给温都尔哈玛尔，让他自行任意填写。耶律楚材说：“天下者先帝之天下，朝廷自有宪章，今欲紊之，臣不敢奉诏。”这才制止了这一荒唐的行为。后来，皇后又下旨：凡温都尔哈玛尔建言，令史不为书者，断其手。耶律楚材说：“国之典故，先帝悉委老臣，令史何与焉？事若合理自当奉行，如不可行死且不避况截手乎？”皇后不悦，但耶律楚材仍辩论不已，大声说道：“老臣事太祖太宗三十余年，无负于国，皇后亦岂能无罪杀臣也。”甲辰年（1244）夏五月，耶律楚材去世，“蒙古诸人哭之如丧其亲戚，和林为之罢市、绝音乐者数日，天下士大夫莫不茹泣相吊”。此时，有见风使舵之人诬陷耶律楚材：“言其在相位日久，天下贡赋半入其家。”皇后听信谗言，命近臣玛尔结覆去核查，结果发现耶律楚材家仅有“**唯琴阮十余及古今书画金石遗文数千卷**”而已。

春雷玉振 石涧敲冰

耶律楚材爱琴，因而其使用、珍藏过数张历史上的名琴。从文献记载来看，《湛然居士集》中提到过四张琴：**“春雷”“玉涧鸣泉”“升元宝器”**琴及**自斫琴**。元代鲜于枢的《困学斋杂录》“京师名琴”中记有耶律丞相藏有**“春雷”“玉振”“寒玉”“不出户”**和**“石上流泉”**五张名琴。按照今人的研究，四川博物院收藏的**“石涧敲冰”**琴与中国台北故宫博物院收藏的**“万壑松涛”**琴也是耶律楚材使用过的古琴。

“春雷”琴是金章宗最喜爱的古琴。《云烟过眼录》载：

“琴则雷为第一，向为宣和殿百琴堂称最，遂为章宗御府第一琴，

『石涧敲冰』琴琴头

章宗挟之以殉葬，凡十八年，复出人间，略无毫发动，今又为诸琴之冠，盖天地间尤物。”

有学者认为，此处“雷”为“春雷”琴，它本来是宋徽宗宣和殿中最出名的琴。靖康之变，北宋皇室宝物悉数为金所掠，金章宗十分喜爱演奏这张琴，它又成为章宗御府第一琴，章宗甚至将它带入了坟墓。有意思的是这张琴18年后复出人间，又为诸琴之冠。耶律楚材的“春雷”琴便是金内府之物，上刻琴铭：“**承华殿春雷。**”这张琴很有可能便是金章宗的内府第一琴。耶律楚材有诗赞此琴曰：

“有我春雷子，岂惮食无肉，旦夕饱纯音，便是平生足。”

后来，耶律楚材将此琴赠给了知音万松老人。

『石涧敲冰』琴琴尾

耶律楚材好友韩浩然曾写诗说要将“升元宝器”与“玉涧鸣泉”二琴送给耶律楚材，耶律楚材为此专门写谢诗回赠。怎料韩浩然后来写信说，“升元宝器”不能相赠了，耶律楚材又写了一首《怨浩然》：

“一入侯门深似海，骚人空梦帐中声（升元宝器亦名帐中宝）。”

后来，耶律楚材将“玉涧鸣泉”送给了好友景贤：

“玉泉珍惜玉泉琴，不遇高人不许心。素轸四三排碧玉，明徽六七粲黄金。”

可见，“玉涧鸣泉”为金徽玉轸之琴。

耶律楚材在《西域河中十咏》其七一诗中有“宫门自斫琴”之句，下有自注：“得故宫门坚木三尺许，斫为琴有清声。”可知，他曾斫制过古琴。

元代鲜于枢（1246—1302）的《困学斋杂录》中说：

“京师名琴，耶律丞相春雷（金内府物，铭曰承华殿春雷）、玉振（雷珏重修）、不出户、石上流泉、寒玉。”

这几张琴均为名琴，其中“不出户”琴为焦经历收藏三宝之一，《志雅堂杂抄》说它“其品在御府春雷之上，不轻以示人也”。除“春雷”琴外，其余四张琴在耶律楚材的诗文中没有出现过，不过鲜于枢与耶律楚材时代相距不算太远，应不会妄言。

现存于四川博物院的“石涧敲冰”琴，琴面板由桐木斫成，底板由梓木斫成，琴胚上施鹿角灰胎，胎上髹栗壳色漆，后有多处紫漆修补，漆面发蛇腹、梅花、冰裂断纹。紫檀岳尾，螺钿徽，牛角轸，枣木雁足。岳山、承露、龙龈、焦尾均用檀木镶嵌而成。

“石涧敲冰”琴背龙池、凤沼均为长方形，龙池上方有行书**“石涧敲冰”**琴名，池下有篆书**“玉泉”**方印。故宫博物院古琴研究专家郑珉中先生 20 世纪 80 年代曾专门赴四川博物院鉴定此琴。经比对传世仅存的，美国纽约大都会艺术博物馆藏耶律楚材诗卷最后的“玉泉”署名，判断此琴曾为耶律楚材收藏。

耶律楚材，字晋卿，号湛然居士，别号玉泉。据《宸垣志略》载：

“玉泉山华岩殿后有七真洞，洞中石壁镌耶律丞相一词《鹧鸪天》，盖晋卿少时所作也。由此推之，则晋卿所生长亦大略可见矣。”

据此可知，耶律楚材曾在京西之玉泉山一带生活，故以“玉泉”为别号。中国台北故宫博物院现藏有一张“万壑松涛”琴，它本为古物陈列所收藏之清代热河行宫旧藏长安元年（701）款琴，琴背龙池上有篆书**“万壑松涛”**琴名，龙池下方有篆书**“玉泉”**方印，与“石涧敲冰”之印完全一致。可能也是耶律楚材所用之琴。

“石涧敲冰”琴为 1951 年四川博物院从蓝敬礼先生处购得。20 世纪 50 年代古琴演奏家查阜西先生鉴定为唐琴，20 世纪 80 年代郑珉中先生在《两宋古琴浅析》一文中将其定为北宋野斫琴的代表作。

明琴

第四章

市佳人

明·佚名《耆英胜会图》［辽宁省博物馆藏］

静听天风海涛声

——明鲁荒王『天风海涛』琴轶事

1970年4月至1971年初，
山东博物馆对位于山东省邹县（现邹城市）九龙山南麓的明鲁王墓进行了抢救性挖掘，
墓中出土大量文物。
在出土的文物中，有一张名为『天风海涛』的古琴格外引人注目，
这张琴琴腹中墨书『大唐雷威亲斫』『圣宋隆兴二年重修』腹款，
可知其最晚为南宋作品。

1970 年 4 月至 1971 年初，山东博物馆对山东省邹县（今邹城市）九龙山南麓中心店镇尚寨村的**明鲁王墓**进行了抢救性挖掘。由于发掘时墓室内有大量积水，再加上此墓修建得十分坚固，防盗设施齐全，因而共有 2000 余件（套）各类文物得以保存了下来。这其中不乏国宝级文物，如：九旒冕（是目前我国发掘出土的唯一一件明初亲王冕冠类实物）、戗金云龙纹朱漆木箱、**“天风海涛”**琴（是目前出土琴器中唯一一张明代王府珍藏琴）。

由于这些文物价值很高，再加上鲁荒王是明初第一个以亲王礼制埋葬的皇子，其墓园规模较大，对明初礼制的研究有着特殊的价值，因而在 2006 年明鲁王墓被列为全国重点文物保护单位。

鲁荒王的“荒”作为谥号并不是一个好的称号，《史记》等古书记载，“外内从乱曰荒”“好乐怠政曰荒”“凶年无谷曰荒”。用贬义词作谥号在谥法中称为恶谥。那么朱檀作为明代开国皇帝朱元璋第一位薨逝的亲王，为什么会得到这样的谥号呢?

朱檀是朱元璋的第十子，于明洪武三年（1370）二月十七日生，其生母为郭宁妃，史籍记载朱元璋之李淑妃薨逝后，郭宁妃曾以妃位统领后宫事务，代理皇后职权。郭宁妃之父郭山甫封营国公，其兄郭兴、郭英也都以功封侯。郭家可谓满门勋贵。因此，朱檀的运气也很好，在他出生还不到两个月的时候便被封为鲁王。

洪武二年（1369），也就是朱元璋建立明朝之后的第二年，为巩固统治，朱元璋决定汲取前代统治的经验“定封建诸王之制”，洪武三年（1370）四月初七日，在全国还未完全统一之时，朱元璋便以“尊卑之分所宜早定”为名，提前册封他的九个儿子和一个从孙为王，并将

『天风海涛』琴正面、侧面、背面 〔山东博物馆藏〕

册封皇子和宗室人员的做法建立成制度写进了《皇明祖训》，后代子孙要谨遵这一“成法”执行。朱檀作为朱元璋的第十子在这时被封为鲁王。

朱檀的封国山东兖州地理位置十分重要。为加强鲁王的地位，朱元璋甚至对兖州的行政建制进行了部分调整。首先，他将兖州的上级政府济宁府降为济宁州，而将兖州升为府，济宁州归其统属；其次，将原为济南府管辖的沂州划归兖州府。经过一番周密的调整，鲁王的封地兖州府辖有三州二十三县，“东西广八百二十里，南北袤二百六十里”，成为占有山东布政使管辖面积四分之一、人口三分之一的大府。

从朱檀被封的洪武三年（1370），朝廷便已经开始了兖州鲁王府的营造。经过数年的营造，《兖州府志》记载：“鲁府宫闱城阙，备极宏敞，埒如禁苑。”另外，根据《明史·列传第四·诸王》记载：“明制，皇子分亲王，授金册金宝，税禄万石，府置官署。护卫甲士少者三千人，多者至万九千人，隶籍兵部，冕服车旗邸第，下天子一等。公侯大臣伏而拜谒，无敢钧礼。”据此可知，鲁王除了有仿若禁苑的宅邸，还有着每年万石的俸禄和至少三千名护卫军。

朱檀“幼聪慧，好文学，擅歌诗”。据明代黄佐的《殿阁词林记》记载：“洪武十六年（1383）十月，增本院尚书博士二人，秩从八品，以儒士饶仲恭、张庸为之。令仲恭于谭王府说书，命庸于鲁王府说书。添说始此。”可知至少在朱檀 14 岁时，他已经开始了正式的教育，老师是八品的尚书博士张庸。

洪武十八年（1385）三月，16 岁的朱檀在其父母的安排下迎娶开国名将信国公汤和之女为妃。

《明史》记载："鲁荒王檀，太祖第十子。洪武三年生，生两月而封。十八年就藩兖州。好文礼士，善诗歌。饵金石药，毒发伤目。帝恶之。二十二年薨，谥曰荒。"这是鲁荒王在《明史》中几乎全部的记载，只有寥寥数语。通过这些记载我们知道，在尚书博士张庸的教导下，鲁王朱檀"好文礼士，善诗歌"。因而，他对古琴有所偏爱就不难理解了。但是，朱檀染上了一个不好的习惯，常食丹药。至于他为何爱吃丹药？清初查继佐所撰《罪惟录》中载有一段正史中未载的内容，可为一说："王文弱，好诗歌，颇饵金石。病眇。其妃为汤信国女。尝建一苑城外，与妃出宿。上召入宫髡之，赐妃自尽。王薨，上册之如秦，谥曰荒。"根据这段史料记载，朱檀是因身体文弱，需常食丹药，结果由于服用过多或者服用错误以至毒发伤目，眼睛失明。朱元璋对其子因吃丹药失明及与妃子宿于城外苑中大为恼火，将朱檀的头发全部剃光，并赐死了他的王妃信国公汤和之女。洪武二十二年（1389）十二月十六日，20岁的鲁王最终因服食丹药而毒发身亡。

朱元璋曾伤心地回忆道："尔檀教自孩提，期于成立，及年既长，遂锡鲁封。"但是没想到其子到封国之后"昵比匪人，怠于政事"，而且"不知爱身之道，以致夭折"。年纪轻轻便撒手人寰，按照惯例，亲王死后是要上谥号的，"生封死谥，古典昭然"。"父子天性也，谥法公议也。朕于尔亲虽父子，讵得以私恩废公议。今特谥尔曰荒，昭示冥漠，用戒方来。"虽然是自己的儿子，但谥号是大家公议出来的，不能"以私恩废公议"，因此朱元璋给予朱檀"荒"的谥号。

鲁荒王朱檀死时，汤妃还未生育，只有侍妾戈氏为其生了一个儿子，也就是后来的鲁靖王朱肇煇。朱檀是明代第一位薨逝于封地的亲王，但令人没想到的是他的后代子嗣昌盛，绵延不绝。据不完全统计，他的后代中有郡王70位、将军387位、中尉376位，除此之外，还有数量众多的郡县主君、宗女、庶人等。鲁王成为明代延续时间最长的爵号，从洪武三年（1370）四月初七日开始，一直持续到明代亡国。鲁王一支也成为拱卫京师的重要的藩王力量。

“天风海涛”付于谁

在鲁荒王墓后室西南部地面上散落着一些琴棋书画类的文物，这其中便有“天风海涛”琴。“天风海涛”从字面上理解就是**形容琴声像天风和大海的波涛一样，气势雄浑，连绵不绝。**古人早就使用这一名词，并常将它用作楼阁名。

北宋著名理学家邵雍在《梦林玄解》书中记载北宋熙宁年间有一人唤作张亶，他曾在梦中进入仙府，闻天风海涛，声振林木。由此可知，“天风海涛”在北宋人的认知里主要是天上或是自然的声音。南宋大家朱熹因喜欢赵汝愚诗句，“江月不随流水去，天风常送海涛来”，曾将“天风海涛”四字书于石上。

“天风海涛”作为琴名出现在文献中较少，因而更显得此琴的珍贵。但其作为曲名却经常出现，如清代陈文述《颐道堂集》中有“**一唱天风海涛曲，水仙操谱落霞琴**”的句子。

清代聂先《百名家词钞》中说：

“填词之妙如伯牙入海，对天风海涛曰，先生怡我情。”

这段话说的是先秦时期琴师伯牙跟随成连先生学琴，三年不成，成连说要带伯牙去东海寻找自己的老师方子春来教他，将伯牙带到海岛后，成连离去，留伯牙一人在海岛上，而方子春始终未出现。伯牙

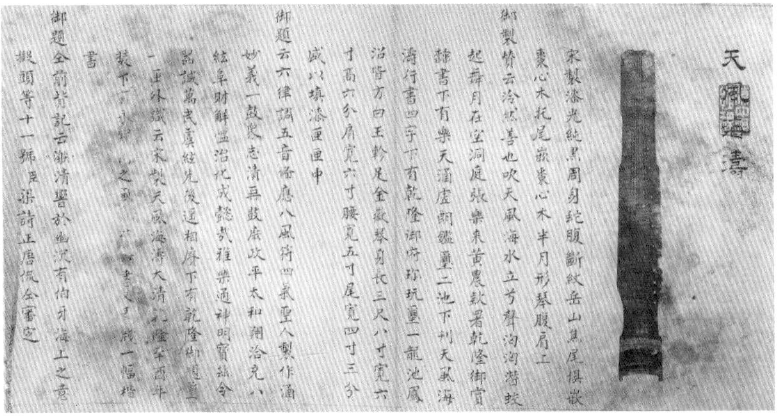

天風海濤

宋製漆光純黑周身蛇腹斷紋岳山焦尾俱嵌
棗心木托尾嵌棗心木半月形琴腹肩上
御製贊云泠然善也吹天風海水立兮聲洶洶潛蛟
起舞月在空洞庭張樂來黃農款署乾隆御賞
隸書下有樂天涵虛朗鑑璽二池下刊天風海
濤行書四字下有乾隆御府珍玩璽一龍池鳳
沼皆方白玉軫足金徽琴身長三尺八寸寬六
寸高六分肩寬六寸腰寬五寸尾寬四寸三分
藏以填漆匣匣中
御題云六律調五音協應八風符四氣聖人製作涵
妙義一鼓眾志清再鼓庶政平太和翔洽允八
紘阜財解慍治化成懿哉雅樂通神明寶茲令
器識萬世虞絃先後遥相摩下有乾隆御題璽
一匣外識云宋製天風海濤大清乾隆丙午
裝下[illegible]之[illegible]書[illegible]成一幅楷
書
御題全前皆記云漱清響於幽沈有伯牙海上之意
擬題等十一躰臣梁詩正唐侃全審定

『天风海涛』相关记载。

悟得从自然中汲取灵感，于天风海涛声中习得“移情”之法，遂成一代操琴高手。

鲁荒王墓出土之“天风海涛”琴，通长 120.5 厘米，隐间（有效弦长）112.4 厘米，额宽 18.4 厘米，肩宽 19.8 厘米，尾宽 12.9 厘米。此琴琴面以桐木斫成，琴底以梓木斫成；上施鹿角灰胎，胎上髹黑漆，漆面发蛇腹、梅花断纹；琴额、琴颈边沿有部分漆胎开裂脱落，面板十二徽至十三徽处漆胎有脱，焦尾有裂；枣木岳尾，岳山支撑琴弦处分嵌七块玉片，焦尾开裂严重；金徽余十枚，玉轸七枚皆全，琴弦俱失；玉制雁足，雕为莲蓬形，造型别致生动。

此琴琴背龙池、凤沼均为长方形，龙池上方刻篆书“**天风海涛**”琴名，龙池内墨书两行：一行为“**圣宋隆兴甲申重修**”；一行为“**大唐雷威亲斫**”。

“隆兴”是南宋孝宗赵昚的年号，共使用两年，即 1163 年至 1164 年；“隆兴甲申”即隆兴二年（1164）。据此可知，此琴至少距今已有 857 年的历史。

『天风海涛』琴局部，依次为：琴轸（左上）、雁足（左下）、腹款（右）。

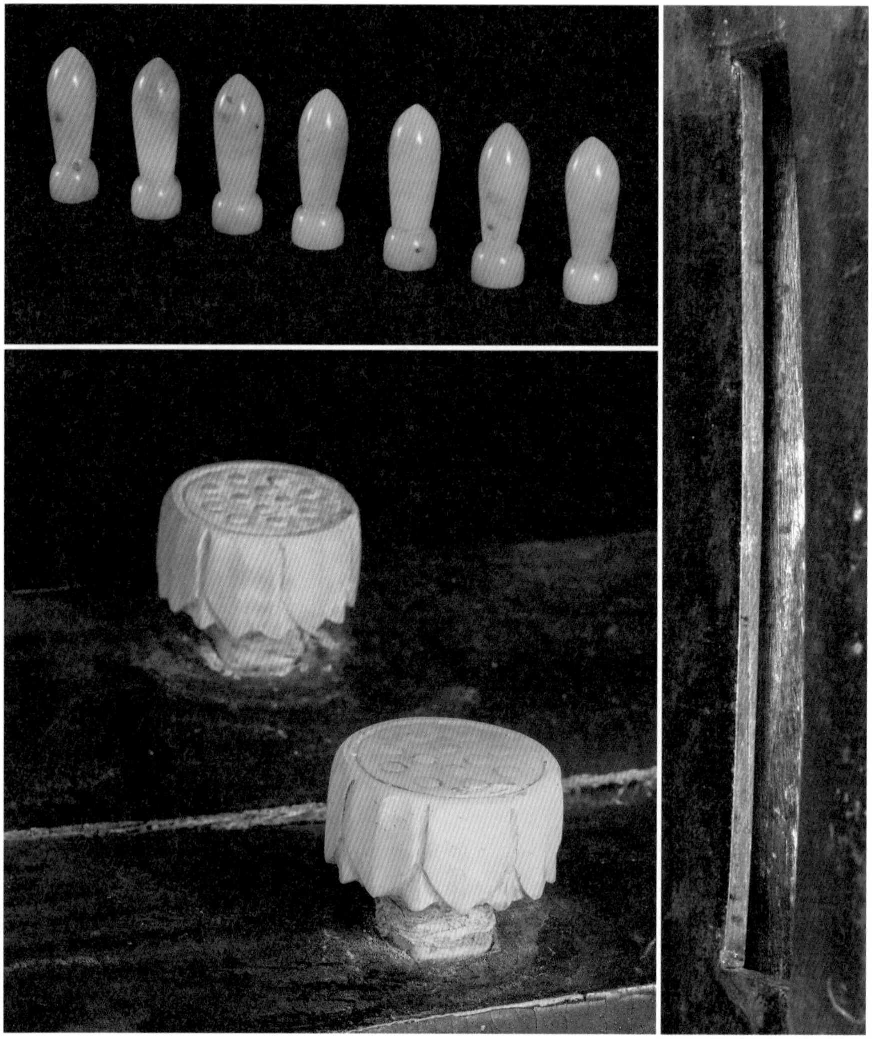

“大唐雷威亲斫”指的是**此琴由唐代制琴家族中最为著名的雷氏家族中最为知名的斫琴师雷威斫制而成**。雷威是“蜀中九雷”的杰出代表，相传他曾于大风雪天赴山中，靠听寒风吹过树木发出的声音，就能断定哪棵树是做琴的良材。此记载出现于元代伊世珍的《琅嬛记》中：

“雷威作琴，不必皆桐。遇大风雪中，独往峨嵋酣饮，着簑笠，入深松中，听其声连延悠飏者伐之，斫以为琴，妙过于桐，有最爱重者以松雪名之。”

除了这个传说，相传雷威还曾得仙人指点因而斫琴功力大增。也是在《琅嬛记》中有这样的记载：

“雷威斫琴无为山中，以指候之五音未得。正踌躇间，忽一老人在旁指示曰上短一分，头丰腰杀，已日施漆，戊日设弦，则庶可鼓矣，忽不见。自后，如法斫之，无不佳绝，世称雷公琴。”

但是，故宫博物院研究员郑珉中先生曾在《两宋古琴浅析》一文中说：

“至于这张琴的风格，毫无唐琴的特点，却与南宋‘玉壶冰’的弓面特点相似。”

“再则，其龙池长逾古制，上口沿接近肩部，而双足当九徽正，皆北宋琴所未有，而是南宋中期隆兴间‘野斫’出现的特点。”

“腹款中‘雷威亲斫’更暴露了作伪的口吻。”

郑先生经过研究认为“天风海涛”琴应是南宋所造。

在《乾隆御题琴谱册》中也记载有一张“天风海涛”琴，它是拟头等十一号，宋琴“天风海涛”，以隶书题写琴名；宋制，漆光纯黑，题名后绘该琴形貌，呈正面直立状，画风精细，设色涂染，极富立体感；再后以正楷录写此琴的形制特征、原有铭刻，然后是御制诗、题、赞等。但此琴与鲁荒王墓所出之琴并无关系，属于同名琴。

明孝宗的古琴情缘

故宫博物院藏有一张制作于明代紫禁城中的仲尼式古琴，十分珍贵。

此琴是明代的第九位皇帝孝宗朱祐樘下旨命人专门制作的。

那么，

治世之君孝宗会不会弹古琴？

他是否弹奏过此琴呢？

明·仲尼式琴斜面 ［故宫博物院藏］

万几之暇好鼓琴

明孝宗**朱祐樘**（1470—1505）是一位有着传奇身世的皇帝。按说生在帝王之家，自幼应是锦衣玉食，而朱祐樘从小便历尽坎坷。朱祐樘母亲的身世并不显赫，她是广西土司纪氏的女儿，本来跟后宫嫔妃无缘，但造化弄人，成化初年朝廷派军镇压“大藤峡瑶族起义”，年幼的纪氏被俘入宫。纪氏年龄虽小，但聪明伶俐，性格和善，在宫内获得了典守内库的差事。说来也巧，一天，明宪宗偶然巡视内库，见她应答得体，

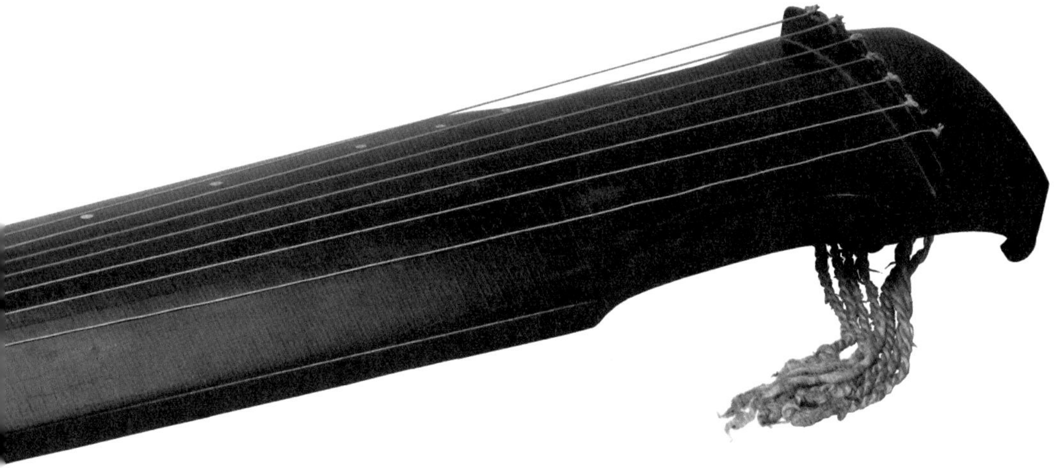

出落得亭亭玉立，十分喜爱，便有了临幸之事。不想，纪氏居然有了身孕。这时，宪宗可能已经忘记了纪氏，而宠冠后宫、见不得别人有子嗣的万贵妃却盯上了她。万贵妃密令太医去给纪氏堕胎，也许是上天有好生之德，堕胎药竟未奏效。派去复查的宫女也替纪氏打起了掩护，说她患有疾病，腹内长有包块，并未怀孕，纪氏终于在众人的帮助下蒙混过关。不过，万贵妃还不放心，她将纪氏发配至冷宫安乐堂居住，打算再也不给她接近皇帝的机会。

成化六年（1470）七月初三日，一个婴儿呱呱坠地，孩子平安生了下来，但宫里的大小事儿哪能逃过万贵妃的法眼，她得知后火冒三丈，立即命太监张敏去将孩子淹死。张敏心里琢磨：“皇上还没有子嗣，为什么要将这个可爱的孩子杀死呢？”这位善良的太监，冒着被杀害的风险，将孩子偷偷养了起来。万贵妃也曾派人再次查看，但终未发现端倪。

靠近安乐堂居住的还有同样遭万贵妃陷害而被废的吴皇后。吴皇后得知此事后，看孩子可怜，前来帮忙抚养。吴皇后虽然被废，但她自小雅好诗书，擅弹古琴。也许就在那时，小小的朱祐樘便是在吴皇后弹奏的古琴曲中进入梦乡的。

一晃五年过去了。一天，宪宗召张敏为其梳头，看着镜中自己头上的白发渐多，宪宗叹息道：“哎，不想我也快老了，但怎么还没有儿子啊！”张敏见时机成熟，伏地奏道：“臣死罪，万岁您已经有儿子了。”“真的吗？在哪里？”宪宗眼里闪烁着喜悦的泪光。“我要是说了可能会被人害死，万岁爷，我死不足惜，您可要为皇子做主啊！”张敏说道。司礼监掌印太监怀恩也赶紧正衣顿首道：“张敏说的是实话，皇子一直被秘密养在西内安乐堂，现在已经六岁了，我们一直没敢上奏。”宪宗听后大喜，当即便去西内查看，接着他命使臣去迎接皇子。使臣到了之后，纪氏心里百感交集，流着泪对孩子说：“儿子，你走之后，我可能就活不成了。记住，穿黄袍有胡子的人，就是你的父亲。”侍者给朱祐樘换上崭新的红色官服，将他抬上小舆，在使者的簇拥下，来到了宪宗居住的宫殿。五年以来，朱祐樘从没剪过头发，胎发一直披落到地上，他拖着长发怯生生地走到陌生的父亲跟前，宪宗一把将他抱了起来，父子二人好生亲热了一阵儿后，宪宗把他放在了自己的大腿上，一边端详着，一边慨叹道：“没错，这是我的儿子，长得像我！”宪宗喜极而泣，他命怀恩将这个好消息通知内阁。第二天，群臣入贺，颁诏天下。在大学士商辂的建议下，纪氏移居永寿宫。万贵妃却恶狠狠地说："这群奴才，居然敢合起伙来骗我！"这年六月，纪氏暴薨，张敏也吞金而亡……

经历过这样的童年遭遇，朱祐樘养成了"寡言笑，慎举止"的沉稳性格。

成化十一年（1475）十一月，朱祐樘被立为皇太子。

成化十四年（1478）二月，皇太子出阁读书，开始接受大明帝国最好的教育。

成化二十三年（1487）八月二十二日，朱祐樘即位，是为孝宗，改明年为弘治元年（1488）。至此，朱祐樘已经接受了十余年的皇家教育，成长为一位成熟的君主，古琴演奏此时也已成为他排遣情绪的重要方式。

这时的朱祐樘才十八岁，血气方刚，他积极整顿吏治，大量启用正直贤能之士，斥逐佞幸无能之臣；更定律制，复议盐法，革除弊政；兴修水利，发展农业，繁荣经济。他在位的十八年间，勤于政务，任贤使能，与民休息，开创了"弘治中兴"的大好局面。不仅如此，他还是中国历史上极其罕见的不贪恋女色的皇帝，他仅有一位皇后张氏，别无嫔妃。可惜，这位有作为的皇帝年仅三十六岁便崩逝于乾清宫。

那么，孝宗在万几之暇，都有哪些爱好呢？孝宗最大的爱好便是读书、赏画和弹琴。由于孝宗性格沉稳，尤爱弹奏古琴。当时，甚至有谏官上书劝谏他少弹琴、少接触琴人。弘治十年（1497）六月，南京吏部尚书倪岳便曾上书，"陈修省二十事"，其中便建议：**"近闻宣索古琴人，皆骇愕，恐邪媚之徒缘之而进，乞早赐疏斥，一并差遣。"**孝宗看到这类奏章常笑着对身边的人说：**"弹琴何损于事，劳此辈云云。"**

江苏苏州人金某，曾得到一张名琴。他知道孝宗爱琴，便千里迢迢将此琴带入京城，通过走太监的门路，将其献给了皇帝。孝宗得琴后，亲自试弹，没想到还真是一张声音清越的好琴，于是赏赐给金某内帑金 1000 两。这可是孝宗登基以来，从未有过的巨大奖赏！

深宫之中藏名琴

故宫博物院所藏**明代仲尼式琴**，为桐木斫成，木胚上附鹿角灰胎，胎上髹黑漆，漆面通体发小蛇腹间冰裂断纹。此琴金徽木轸，紫檀岳尾，用料考究，质量上乘。

最为重要的是，琴背龙池内写有三行楷体墨书，按照“右二左一”的顺序排列，写的是：“**大明弘治十一年，岁次戊午，奉旨鸿胪寺左寺丞万胫中，制琴人惠祥斫制于武英殿。命司礼监太监戴义，御用监太监刘孝、潘德督造。**”

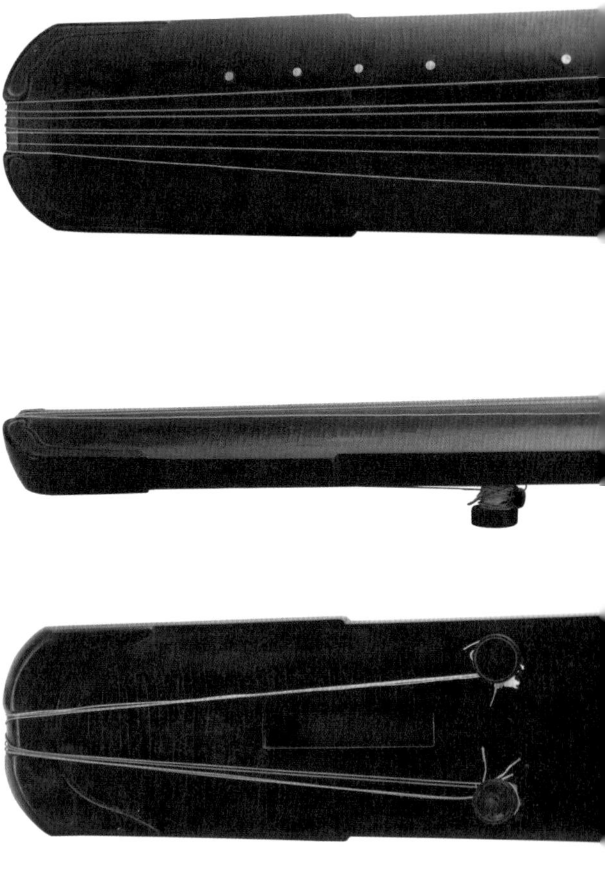

仲尼式琴正面、侧面、背面

这短短的三行字透露出很多信息：

第一，这张琴是明弘治十一年（1498），孝宗下旨制作的。

第二，惠祥是明代著名的斫琴师，《文会堂琴谱》曾云：“我朝成化间则有丰城万隆，弘治间则有钱塘惠祥，其琴擅名，当代人多珍之。”可见，当时惠祥制琴已十分出名。鉴于目前有关万胫中的史料较少，尚不知他的斫琴技术如何。

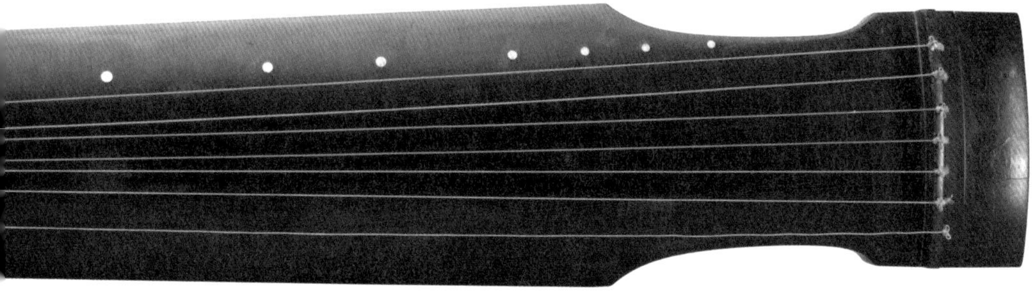

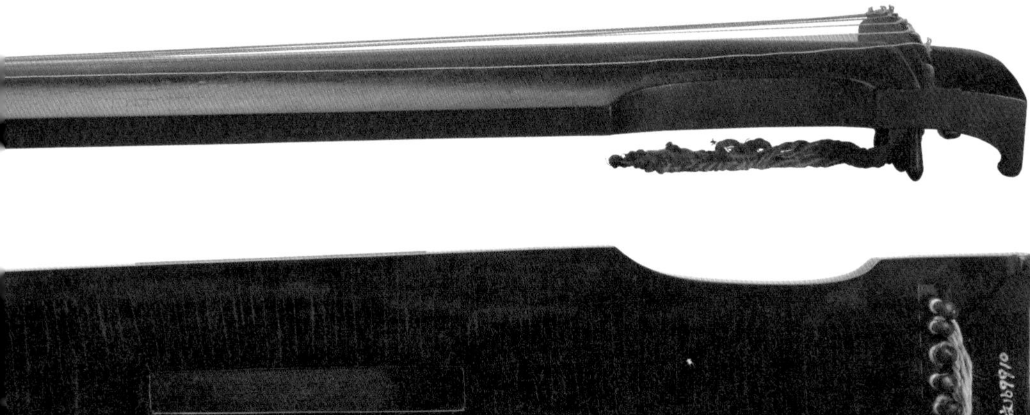

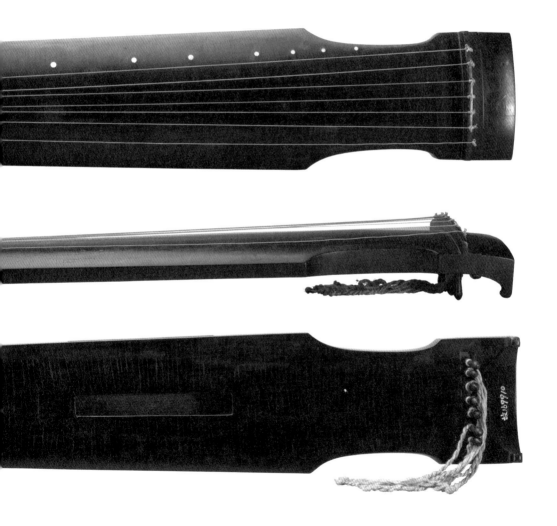

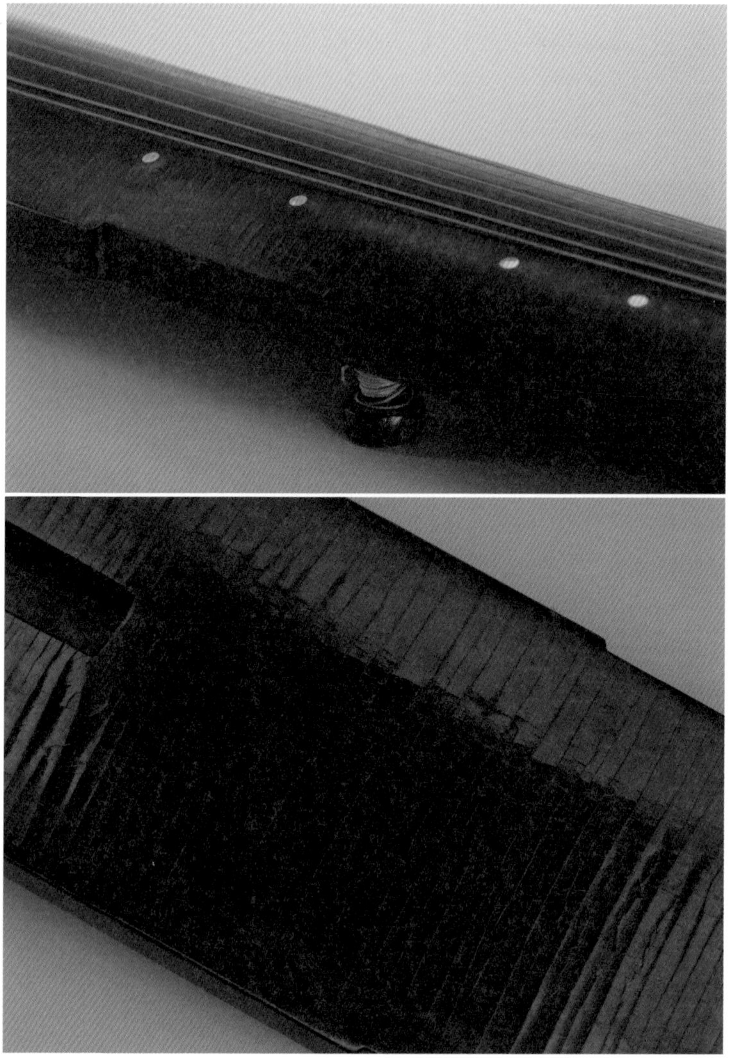

明·仲尼式琴（局部）

第三，司礼监太监**戴义**是明代著名的太监琴家，他也是目前我们所知明代时古琴演奏水平最高的太监。据《酌中志》记载：**宪宗十分喜爱弹琴、对弈、写诗、作画。宪宗时的司礼监太监戴义，最精于琴，而且他楷书写得很好，甚至可以与同时代的大书法家沈度相媲美。**

当时，南中有一良家妇人擅长弹琴，她曾遍游两京各省，未逢对手。后来，她听说戴义弹琴很好，便前往戴义府邸，通名求见，戴义答应了她的请求，并将“斗琴”日期定在自己休假之时。比赛当天，二人坐于厅中，以帘相隔，南妇让戴义先弹，戴义也不推辞，一曲抚毕，南妇竟泪如雨下，色若死灰，她意识到自己的演奏不可能有这么强的感染力，愤然将自己带来的好琴撞碎于阶石之上，然后，拂衣而去，终身再不谈鼓琴之事。

戴义师承于“浙操徐门”的亲传弟子、古琴演奏造诣很高的张助。后来，戴义将此派的琴技传入宫中，还培养出另一位宦官琴家**黄献**。黄献是广西平乐人，字仲贤，号梧冈道人，从小跟随戴义学琴。嘉靖二十五年（1546），六十一岁的黄献在十多位宦官琴友的资助下，将跟随戴义所学和自己搜集的传世琴曲编成**《梧冈琴谱》**，刊印出版。《梧冈琴谱》共收录琴曲四十二首，包括《潇湘云水》《渔歌》等名曲，是现存最早的“浙操徐门”的琴谱专集。

当朝礼部尚书**陈经**在《梧冈琴谱》序中称赞黄献道：

“独梧冈于琴，心与神化，手与音化，有不言而喻之妙，其得琴之三昧者。”

可见，黄献演奏水平之高，孝宗对他也颇为敬重。

第四，由御用监两位太监督造于武英殿，可知此琴应为孝宗御用。这张琴弦路下多处有因演奏走手音而磨耗露出的灰胎，岳山也有使用过的痕迹，说明宪宗可能演奏过此琴。

自弘治年间制成之后，此琴便再未出宫。

得人鼎盛非常时

曾国藩曰：

“自古英哲非常之君，往往得人鼎盛。若汉之武帝，唐之文皇，宋之仁宗，元之世祖，明之孝宗。其时皆异材勃起，俊彦云屯，焜耀简编。”

故宫博物院现藏有一幅绘制于明弘治十六年（1503），10位重臣“雅集”场景的群像画——**《甲申十同年图》**。这十人均是天顺八年（1464）的同榜进士，“雅集”时间是弘治十六年（1503）三月二十五日，地点在闵珪府第之达尊堂。画面上人物共分三组，从卷首起，**第一组三人**分别是：南京户部尚书王轼、吏部左侍郎焦芳、礼部右侍郎谢铎；**第二组**

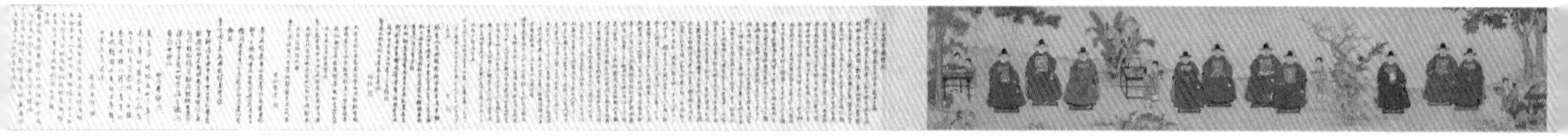

明·佚名·《甲申十同年图》(上)及局部(下) [故宫博物院藏]

四人分别是:工部尚书曾鉴、刑部尚书闵珪、工部右侍郎张达、都察院左都御使戴珊;**第三组三人**分别是:户部右侍郎陈清、兵部尚书刘大夏、户部尚书兼谨身殿大学士李东阳。这次意义重大的“雅集”间便有古琴在侧,可见古琴在当时文人心目中的地位之高。画卷题跋中也有不少对“**盛世明君**”孝宗的赞颂之词。

当时,《甲申十同年图》共绘有十本,每位“雅集”者均留有一本。文中所示图本为闵家留存,清嘉庆十五年(1810)时为文学家、藏书家法式善所藏,是孤本,更是重要的历史文献。

南宋・佚名《山楼来凤图》［故宫博物院藏］

『求凰』故事与『引凤』明琴

《凤求凰》是我国古代非常著名的一首古琴曲，说的是汉代才子司马相如『琴挑』卓文君，最终有情人终成眷属的故事。

巧合的是，四川博物院收藏有一张明代的『引凤』琴，在它的身上却发生过一个与《凤求凰》相反的故事……

相如“琴挑”为“求凰”

凤是上古时代人们公认的羽族之长。《禽经》（传为春秋时代乐圣师旷所作）中说：“鸟之属三百六十，凤为之长。”在汉代许慎所著《说文解字》的描述里凤已然集合了多种鸟兽的特点于一身，“鸿前麟后，蛇颈鱼尾，鹳颡鸳思，龙文龟背，燕颔鸡喙，五色备举”逐渐上升为一种图腾。凤“出于东方君子之国，翱翔四海之外，过昆仑，饮砥柱，濯羽弱水，莫宿风穴。见则天下大安宁”。不仅如此，《禽经》中还说，凤“首载德，顶揭义，背负仁，心抱忠，翼挟信，足履正”，几乎拥有了一切完美的人格化特征，成为人们理想中的“神鸟”。

在古人的认识里，凤与凰是同一种鸟，雄者称凤，雌者为凰。那么，“凤求凰”除了字面意思外，也含蓄地表达了古代文人追求心仪女性的意思。

提到“凤求凰”，人们最先想到的便是汉代赋圣司马相如与才女卓文君的爱情故事。司马相如是蜀郡成都（今四川成都）人，字长卿，自幼“好读书，学击剑”，家人对这样一位懂事的孩子自然是宠爱有加，给他取了一个“犬子”的小名。司马长卿读书之后，敬仰赵国上卿蔺相如的为人，于是改名为“司马相如”。早年间，司马相如家颇有资财，凭借家资，他获得了郎官的职位，成为汉景帝刘启的武骑常侍。这可是一个寻常人眼中的美差，不但可以跟随皇帝猎捕猛兽，而且有着一年六百石的俸禄。但司马相如并不喜欢这份工作，景帝也不喜欢司马相如最为擅长的辞赋作品。这时候正好赶上梁孝王刘武带领他的门人游说之士齐人邹阳、淮阴枚乘、吴庄忌夫子等人来京觐见

唐·竹林弹琴舞凤纹铜镜（故宫博物院藏）

皇帝。司马相如与这些文人倒是情投意合，于是称病去职，与他们一起游居梁国（国都在今河南商丘）。梁孝王也十分看重司马相如，让他与名士同舍。当得知司马相如擅长弹琴后，梁孝王便将自己收藏的刻有“梓桐合精”琴铭的宝琴“绿绮”相赠。其间，司马相如还写出了千古名篇《子虚赋》。

梁孝王死后，司马相如返回成都老家。离家数年，早已物是人非，司马相如家道中落，无以为业。幸好，天无绝人之路，司马相如一直以来都与临邛令王吉关系不错。临邛以产盐、铁出名，有“临邛自古称繁庶，天府南来第一州”之称。王吉知道司马相如在外漂泊多年，仕途并不顺遂，邀请他到临邛发展。司马相如这时已然山穷水尽，便听从了王吉的建议，搬到临邛去住，但其贫困的生活状态，一时也难有所改善。于是，王吉开始为其造起势来。

司马相如刚搬来临邛，脚跟还

没站稳，王吉就十分恭敬地天天来拜望他。司马相如听从了王吉的建议，一开始还见见他，后来就直接称病，让自己的随从出面婉拒王吉的拜访，更令临邛人不解的是王吉大人非但不生气，反而对司马相如愈加恭敬起来。临邛令来了一位重要宾客的消息很快便传遍了临邛的大街小巷。

临邛有很多富人，其中以卓王孙为最，他以冶铁起家，仅家童就有八百人；随后是程郑，家童也有数百名。二人见临邛令对司马相如如此恭敬，就商量着一定要将这位贵客请来，以尽地主之谊。于是，二人广置宾客，大张宴席，仅宾客就邀请了上百人。

到了中午，临邛令与客人们都坐定了，便命人专门去请司马相如，谁知他还是像往常一样推辞说自己有病，不肯前来。临邛令听到回复后，不愿就席，亲自上门去迎接他，司马相如执拗不过，只得来到卓家。满座的客人见司马相如雍容娴雅，器宇不凡，都被他的风采所倾倒。酒过三巡，临邛令对大家说："我听说长卿擅于弹琴，不知能否为大家演奏一曲？"司马相如推辞不过，便为大家演奏了一两首精彩的乐曲。

正在大家对乐曲如痴如醉的时候，卓王孙刚刚寡居的女儿卓文君也被琴声吸引而来。卓文君早就想见见这位县令的贵客，再加上她特别喜欢弹琴，便躲在一旁听了起来。其实临邛令早知此事，他之所以对司马相如超乎寻常地恭敬也是为了引起人们的注意，希望能借机撮合这一对璧人。此时，司马相如演奏的曲子正是《凤求凰》。卓文君在窗外静静地听着、看着、想着，入了迷。也许就在曲子演奏的某个瞬间，二人四目偶然相对，竟然迸发出爱的火花。

宴会结束后，司马相如对卓文君念念不忘，命随从赏赐卓文君的侍者，以通殷勤之意。几次三番下来，二人私定终身，一同返回了司马相如的成都老家。这时，司马相如家中可谓是家徒四壁，一贫如洗。卓王孙得知女儿与司马相如私奔后，十分恼火，对人赌咒说："我这个不成才的女儿，我不忍心杀她，但也绝不分她一分钱！"人说贫贱夫妻百事哀，时间久了，习惯养尊处优的卓文君逐渐不再满足过这种贫困的日子，她对丈夫说："我们回临邛吧，到那里就算是向我的亲戚们借贷也完全可以维持生活，不至于苦成这个样子！"于是，二人回到临邛，变卖了车骑，买下了一个酒舍，卓文君也放下了大小姐的派头当垆卖酒，司马相如更是缠上了犊鼻裈（古人穿的一种短裤）赤裸着上身与佣人们一同洗涤酒器。卓王孙听说后，更觉得丢人，甚至连门都不愿出了。后来，家人宽慰他说："您有着使不完的钱财，却只有一男两女。现在既然文君已经是司马长卿的人了，他虽然没什么钱财，但还是很有才华的，况且他还是临邛令的好朋友。您就不要再让孩子们忍受这样的屈辱了吧！"卓王孙听后觉得此言有理，虽然仍不太情愿，但还是分给女儿、女婿"童百人，钱百万，及其嫁时衣被财物"。

司马相如与卓文君再次回到成都，用这些钱买了田宅，终成一段佳话。

铁侠擅琴得"引凤"

四川博物院藏有一张明代的名琴"**引凤**"，这是一张**仲尼式琴**。此琴以桐木为面，梓木为底，不上灰胎，亦不上漆，这在古琴中十分特殊。它通身镶嵌六角形小竹片，这种形制在古琴中为**百衲琴**。百衲琴分**真百衲琴**与**假百衲琴**两种，"引凤"是假百衲琴，也就是说**它并不是真的只用六角形竹片杂缀而成，而是为了美观在桐面、梓底之上镶嵌了一层竹身**。唐代李绰在《尚书故实》一书中写道：

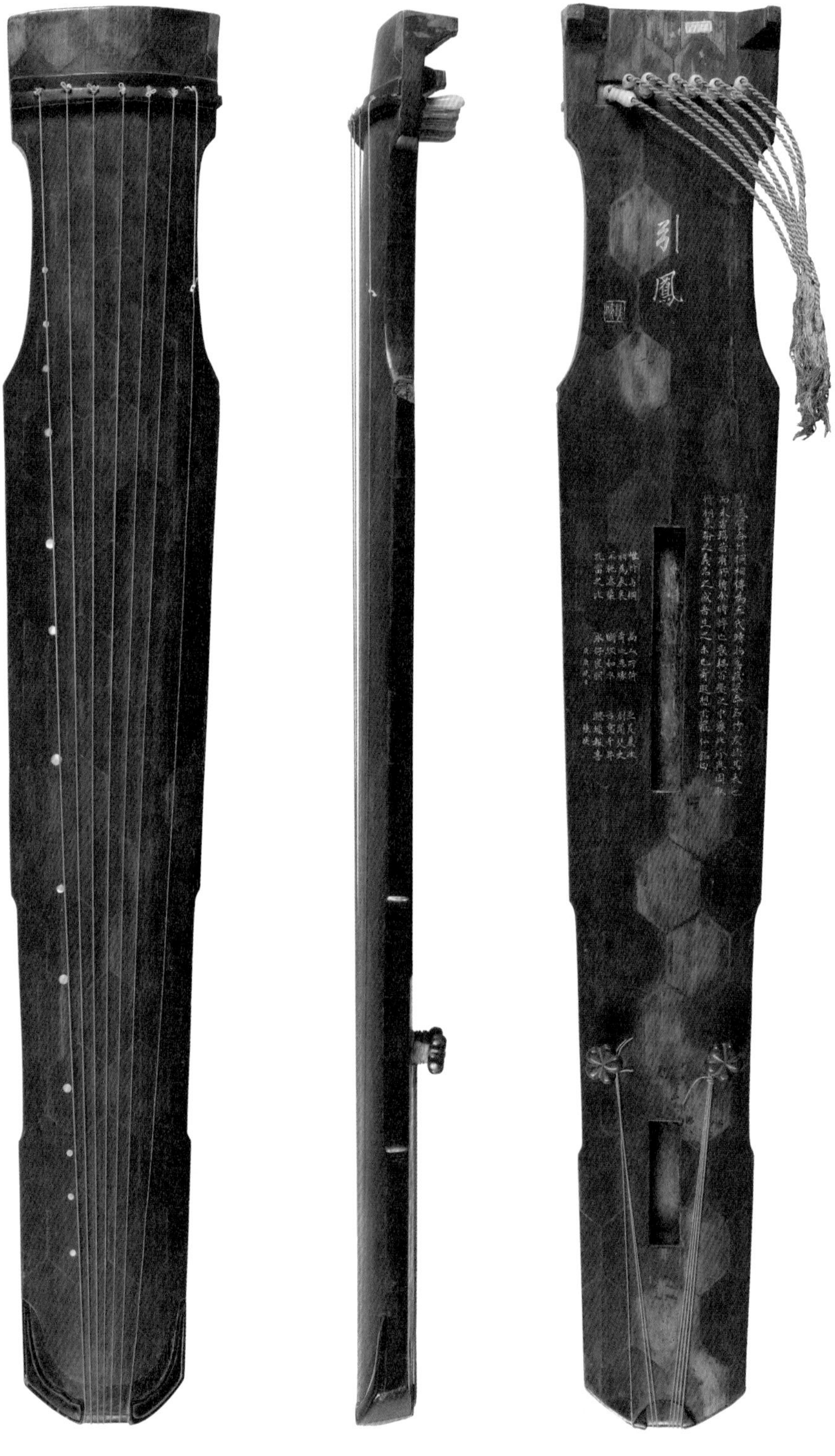

明·『引凤』琴正面、侧面、背面 ［四川博物院藏］

“李汧公取桐孙之精者杂缀为之，谓之百衲琴。百衲琴用蜗壳为徽。其间三面尤绝异，通谓之响泉韵磬。弦一上，可十年不断。”

据此可知，百衲琴可能是唐朝宰相李勉所发明。

这张琴的岳山、焦尾、龙龈、龈托、尾托均用紫檀木做成。面板上的琴徽均为蚌壳所制，与唐代所载蜗壳有异曲同工之妙。拴弦的琴轸为象牙所制，雁足使用的是黄花梨木，并于足上刻出了五瓣花朵的纹样。

此琴琴背的发音孔龙池、凤沼均为长方形，是较为常见的形状。龙池上方刻有“**引凤**”琴名。《诗经·大雅·卷阿》里有“**凤凰鸣矣，于彼高岗。梧桐生矣，于彼朝阳**”的记载，郑玄笺云：“**凤凰之性，非梧桐不栖，非竹实不食，非醴泉不饮。**”此琴亦于梧桐木外镶嵌竹片，想要借指的便是梧桐与竹，与“引凤”琴名相对。琴名旁刻“**铁侠**”印一枚，可知此琴曾由近代著名琴家**裴铁侠**所藏。

裴铁侠（1884—1950），四川成都人，早年曾留学日本，回川后任四川司法司司长等职。他是近代著名琴家，《今虞琴刊》载有“派拟虞山，师事清季琴师张瑞山弟子浙人程桂馨氏”，并与山东诸城派琴家王心葵、九嶷派创始人杨时百为友，琴风恬静冲淡、古朴自然，有虞山遗风。抗战期间，他避居城郊区沙堰，著有《沙堰琴编》一卷、《沙堰琴余》一卷。1937年，裴铁侠曾与川派琴家喻绍泽等人一起在成都成立律和琴社，1947年又发起珉明琴社。裴铁侠一生收藏有唐、宋、元、明、清各代古琴二十几张，其中以两张唐代大、小雷公琴最为出名，他还曾亲撰大、小雷琴记传世。

裴铁侠为何要将此琴命名为“引凤”呢？一般的说法认为，这张琴原为民国时期四川首屈一指的篆刻家**沈靖卿**（1872—1943）所藏，沈氏收藏了这张琴后一直以为它是五代之物，极为珍视。他的女儿**沈梦英**亦能操缦，沈靖卿曾言如有知音识宝，且擅弹琴，我之婿也。而裴铁侠此时已经丧偶四年，听说了这个消息，便请媒通聘，最后沈梦英（1914—1950）携琴相嫁，谱成琴坛佳话。

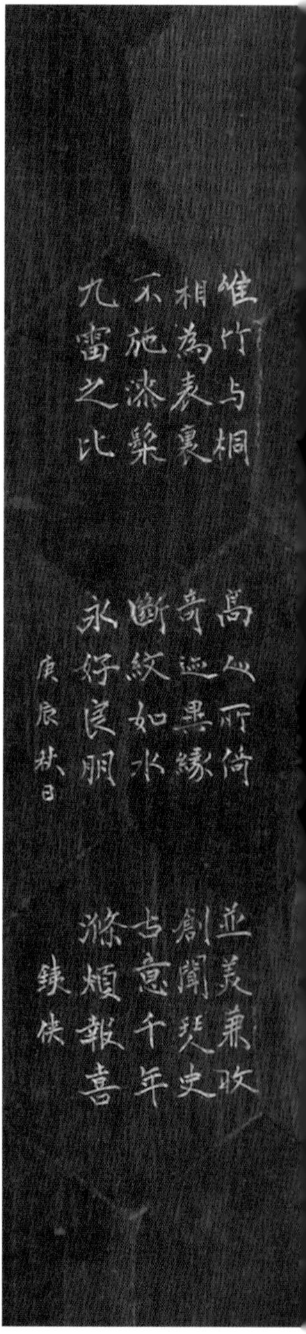

这段故事的完整记载出自近代文学家曾缄（1892—1968）撰写的《双雷引》中：

蓝桥生者，家素封居成都支机石附近。耿介拔俗。喜鼓琴，能为《高山流水》《春山杜鹃》《万壑松风》《三峡流水》《天风海涛》之曲，声名籍甚。英国皇家音乐学院致厚币征为教授，谢不往。人以此益高之。家藏唐代蜀工雷威所斫古琴，甚宝之。后从沈氏复得一琴，比前差小，龙池内隐隐有“雷霄”题字。因目前者为大雷，后者为小雷。先是，成都有沈翁者，精鉴古物，蓄小雷，极珍秘。育一女。将殁，谓女曰：“若志之，有能操是琴者，若婿也。”生适鳏，闻之心动，往女家，请观琴，为鼓一再。归，遣媒妁通聘，故琴与女同归生。生于是挟两琴，拥少艾，隐居自乐，若不知此身犹在人世间也。

在曾缄文中，他认为裴铁侠与沈氏是因唐代“小雷”琴结缘，这一说法并不准确。裴铁侠亲撰之《小雷琴记》中记载：

“小雷初为清游宦茹氏所宝，继又为嗜古者某氏所藏。某氏挽书贾张某携来，称为宋琴，问何以知为宋物，则以原有宋锦囊面上绛丝载宋人名字为证云。偿价留置之。”

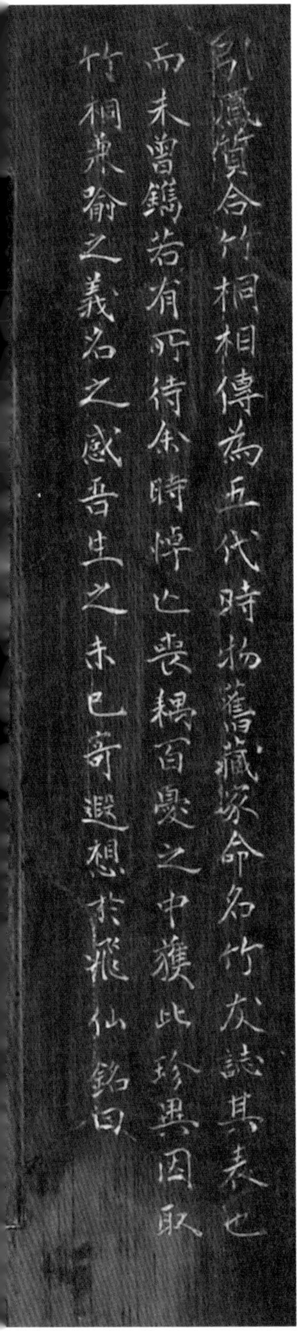

『引凤』琴铭文

由此可知，“小雷”琴非从沈靖卿处得之。曾缄在此处使用了文学描写的手法，因而不无夸张之言。文中沈老临终之言等，也是不存在的。但使两人结缘之琴的确是存在的，这张琴便是“引凤”琴。

“引凤”琴琴背刻有裴铁侠所撰铭文：“**引凤质合竹桐，相传为五代时物。旧藏家命名竹友，诔其表也，而未曾镌，若有所待。余时悼亡丧偶，百忧之中，获此珍异。因取竹桐兼喻之义名之，感吾生之未巳，寄遐想于飞仙。铭曰，唯竹与桐，高人所倚。并美兼收，相为表里。奇迹异缘，创闻琴史。不施漆鬃，断纹如水。古意千年，九雷之比。永好良朋，涤烦报喜。**”下署“**庚辰秋日**”，“**铁侠**”款。庚辰年应为1940年，裴铁侠于这年秋天得到这张琴，据铭文内容可知，此琴原名竹友，没有背铭，正值裴铁侠丧偶之时于沈靖卿处所得，将其命名为“引凤”，1943年他才与沈靖卿之女沈梦英结婚。

“引凤”琴龙池内右侧有楷体朱漆倒书：“**万历乙酉春正月。**”万历（1573—1620）是明朝第十三位皇帝明神宗朱翊钧年号；万历乙酉年是万历十三年，即1585年。左侧楷体朱漆倒书：“**阳□制。**”据此可知，该琴应为明代之物。

之后“引凤”琴由裴铁侠之子**裴墨痕**捐赠给四川博物院，保藏至今。

『乐圣』朱载堉的古琴情缘

甘肃省博物馆藏有一张明代古琴，
这张琴造型古朴，
保存完好，
是目前所见存世唯一一张
由『乐圣』朱载堉斫制之琴。
那么，
这张琴有着怎样的特点？
朱载堉为何被称作『乐圣』？
朱载堉与古琴又有着怎样的情缘呢？

独在异乡为异客

文物无论是流传或是离散，最为关键的因素便是它所归属的主人。可是除少量流传有序的国宝级文物外，存世文物中大多数是失去旧主信息的。这给我们留下很多遗憾的同时，也给我们留出了一个探索的空间，这个空间可能就是历史的留白。我们可以在浩瀚的史籍中探颐索隐，也可以偶尔发挥想象努力对其进行填充，而这可能就是文物自身的魅力。

甘肃省博物馆就藏有这样一张古琴，它只记有第一任主人信息，知其为明代万历年间在河南制作，却不知为何经过 370 年的颠沛流离后于 20

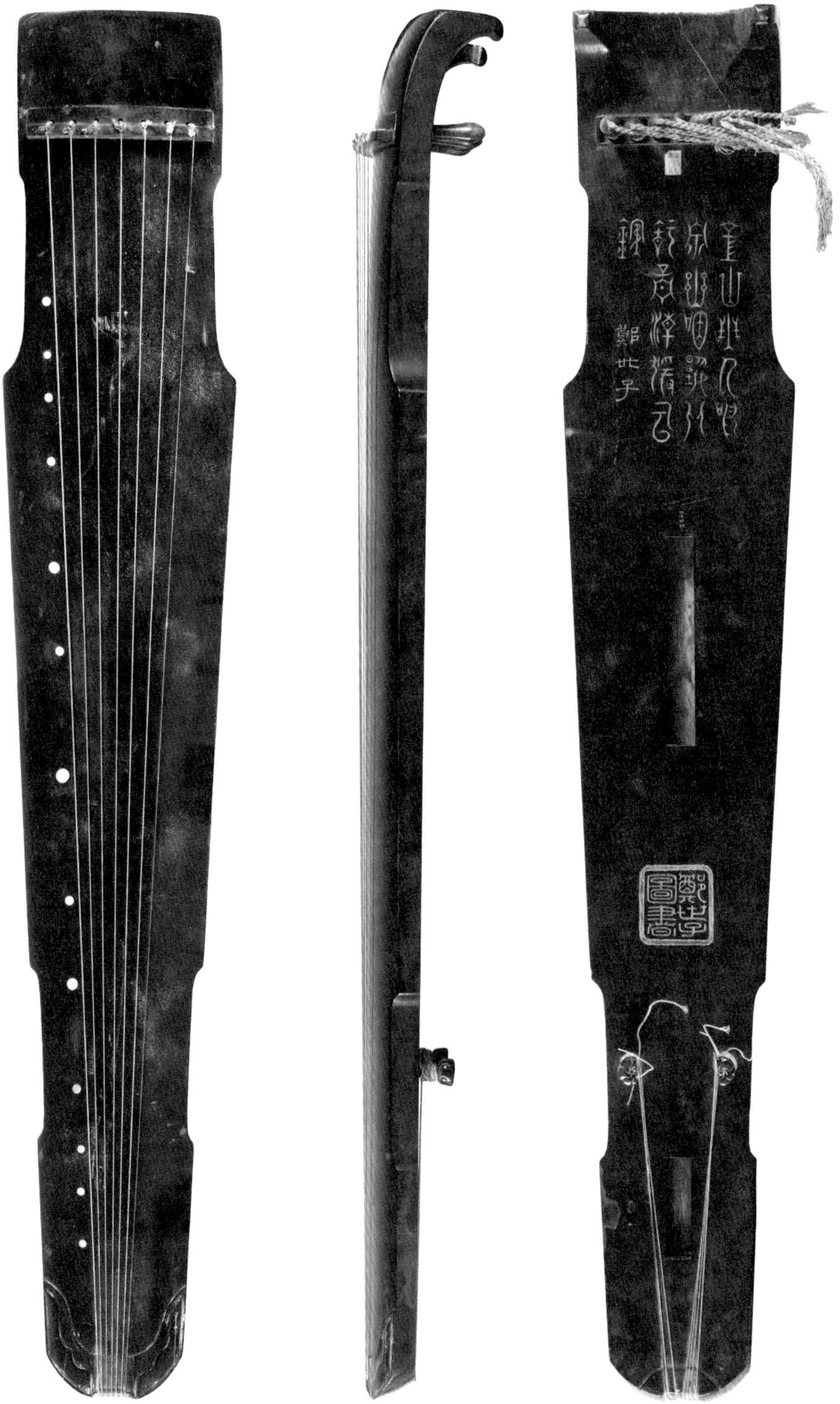

明・朱载堉斫琴正面、侧面、背面 〔甘肃省博物馆藏〕

世纪 50 年代被甘肃省财政厅收藏。这张琴就是明代的**朱载堉斫琴**。

在这张琴的琴轸之下贴有一张白色纸条，上写繁体“**财政厅，1 号，清代**”七字。查询相关资料得知，这张琴是 1952 年由甘肃省财政厅移交到甘肃省科学教育馆（甘肃省博物馆前身）收藏的。根据纸条上的信息我们可以知道这张琴是甘肃省财政厅的 1 号琴，当时财政厅是否收有多张古琴？“清代”二字可能是当时对此琴的断代，这一断代信息应是未看到琴的明代腹款，不知据何而定。

这张琴造型古朴，是传统的仲尼式样。明人顾起元在《说略》中讲：

“古琴惟夫子、列子二样若太古琴，或以一段木为之。”

可知仲尼式在明代人甚至是宋代人（宋·赵希鹄《洞天清录》）的认知里是古琴较为古老的式样。琴的底板、面板所用木材也是古琴最常用的梧桐木，桐木外髹有鹿角灰胎，胎上刷栗壳色漆，漆面保存完好，琴面装有十三个蚌徽，琴头处拴弦的琴轸似为玉石制成，支撑古琴的雁足由红木制成。此琴身上虽略有灰尘，但一眼望去温润沉静，用材与漆艺的考究可想而知。

琴背龙池、凤沼均为长方形。龙池上方刻有篆书铭文：“**空山无人，鸣泉幽咽，归从舒音，淖猿司铃。**”落款为“**郑世子**”。朱载堉的父亲**朱厚烷**为郑恭王，按照明代的惯例，嘉靖二十五年（1546）朱载堉十岁时，皇帝下诏命翰林学士高拱宣诏册封朱载堉为郑世子。明清两代世子是亲王嗣子的称号，一般将亲王嫡长子立为世子，世袭亲王的爵位，其他庶子则封为郡王。这段铭文说的是**这张琴的声音就像是在人迹罕至的空山中，泉水幽咽而过发出的声响；又像是归途之中同行之人快乐的歌唱声，**

朱载堉斫琴龙池款左侧、右侧。

或是与银铃般的猿声一样明亮。

龙池下方刻篆书“**郑学图书**”方印。琴腹中刻有腹款，右为“**大明万历十年岁次壬午二月吉旦**”，左为“**郑世子载堉按太簇尺造**”。由腹款可知，此琴由郑世子朱载堉制作于明代万历十年（1582）二月，这一年朱载堉47岁。

据中国科学院自然科学史研究所研究员戴念祖考证，朱载堉于1567年至1581年完成了他一生中的重要发现“新法密率”（可简单理解为后人所说的十二平均律）的理论及计算工作，而就在一年后，朱载堉制作了这张琴。

“郑世子载堉按太簇尺造”是一句包含有乐律学信息的话。“太簇”是中国古代十二律名之一，排在黄钟、大吕之后，为十二律中的第三个律位。为什么按照律尺来制作琴呢？朱载堉曾在《律吕精义》中说：

“《礼记》曰，‘大琴大瑟，中琴小瑟，四代之乐器也’则琴瑟之有大小，可知矣……是故大琴小琴皆止七弦，大瑟小瑟皆止二十五弦，特律尺长短不同耳。

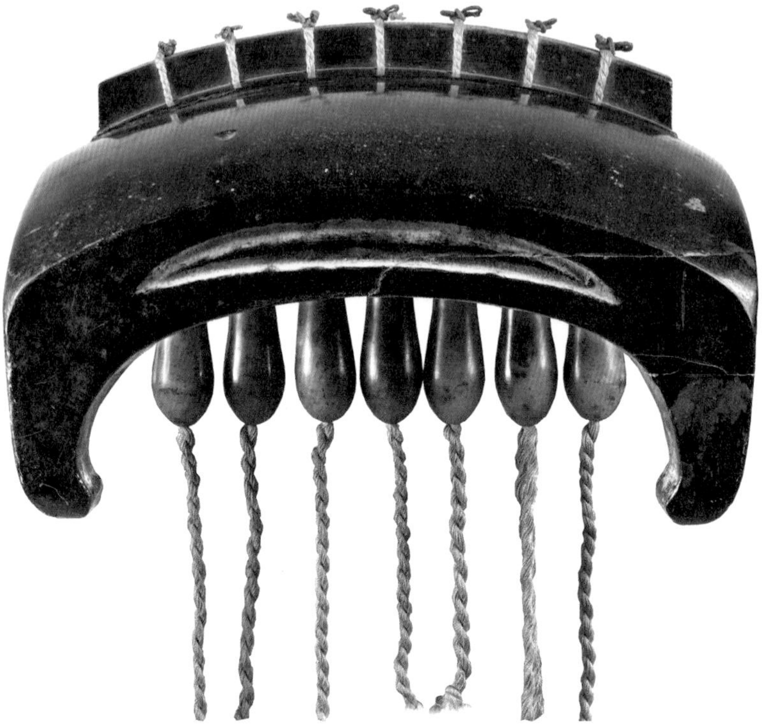

朱载堉斫琴琴头（上）、琴尾（下）。

琴瑟大者，以黄钟正律之管为尺；中者，以太簇正律之管为尺；小者，以姑洗正律之管为尺，是谓律度之尺。《周礼》所谓‘以十二律为之数度’是也。”

这段话说的是琴瑟自古有大小之分，而区别琴瑟大小的不是弦数的多少，不管大琴、中琴都是七根弦，不管是大瑟、小瑟都是二十五根弦，真正区分它们的是制作琴瑟时使用的律尺长短的不同。大琴、大瑟以黄钟正律之管为尺制作，中琴制作时以太簇正律之管为尺制作，小瑟制作时以姑洗正律之管为尺制作，这样琴瑟的长度就有了区分。这张琴是按太簇尺造，可知它是中等琴。而当今传世的文物中，真正实践朱载堉乐律学理论的琴存世量非常少，这张琴应该是目前所见的唯一实物，因此有着十分重要的意义。

新法密率在音乐领域中的重要性犹如计算机的发明对于人类社会的影响一样，也正是因为有了这一发现奠定了朱载堉的“乐圣”地位。德国物理学家赫尔姆霍茨曾说：

“在中国人中，据说有一个王子叫载堉的，他在旧派音乐家的大反对中，倡导七声音阶。把八度分成十二个半音以及变调的方法，也是这个有天才和技巧的国家发明的。”

文学家刘半农也曾高度评价朱载堉的新法密率：

“直到现在谁也不能推翻它、摇动它；他所用的算法，直到现在还是照样去做；他算出来的数字，直到现在还是直抄了用。”

这张琴是如此的重要，那么，它的主人朱载堉是怎样一个人？与古琴又有着怎样的情缘呢？

天潢真人辞王爵

朱载堉（1536—1610）字伯勤，号句曲山人、九峰山人，青年时还曾自号“狂生”“山阳酒狂仙客”。著有《韵学新说》《先天图正误》《律吕正论》《瑟铭解疏》《毛诗韵府》《礼记类编》《金刚心经注》《算经》《秬秠详考》《乐律全书》等30多种著作。除此之外，他还写有大量《醒世词》（现存73首），至今仍在河南、山西一带传唱。他是明代科学史和艺术史上的一颗巨星，是我国历史上著名的乐学家、律学家、数学家、历学家、舞蹈学家、物理学家等，中外学者尊他为东方文艺复兴式的圣人。他还是明代藩王世子中唯一一位主动提出让位并让位成功的王子。戴念祖曾这样总结朱载堉的传奇一生：“他一生跌宕起伏，十八年受难，十四年著书立说，十一年雕版印书，十五年让爵。”

朱载堉是明代开国皇帝朱元

璋的九世孙，郑藩第六代世子。郑王一支最早于永乐二十二年（1424）获封，宣德四年（1429）就藩于陕西凤翔，正统九年（1444）郑王藩国迁怀庆府河内县，也就是今天的河南省焦作地区沁阳市（县级市）。

朱载堉自幼聪颖，其父朱厚烷于嘉靖六年（1527）被册封为郑恭王，“母妃高氏。生公二年，高氏薨”。《明史》说朱厚烷是一位“自少至老，布衣蔬食”的王爷。明武宗朱厚照驾崩后，因无子嗣，按照“兄终弟及”的原则恭迎朱厚熜（也就是后来的嘉靖帝）入京即位，在进京途中朱厚烷曾“迎谒于新乡”因而“加禄三百石”。接着，朱厚烷又上疏“奏母阎太妃贞孝事迹”。嘉靖帝也答应“诏付史馆”。因而这兄弟两人应是有着较为亲密的关系。

但天威难测，嘉靖帝笃信道教“帝修斋醮，诸王争遣使进香，厚烷独不遣”。不仅如此，朱厚烷还于“嘉靖二十七年（1548）七月上书，请帝修德讲学，进《居敬》《穷理》《克己》《存诚》四箴，《演连珠》十章，以神仙、土木为规谏”。由于“语切直。帝怒，下其使者于狱”。在那个皇权至上的年代，朱厚烷说了真话，但却惹恼了皇帝。

墙倒众人推。因涉及王位继承的问题，朱厚烷后院起火，家族中长一辈的朱祐橏趁机诬告朱厚烷谋反，罗列了四十条罪状。这段家族恩怨应从第二代郑王朱祁镁说起，朱祁镁共有十子，世子是长子朱见滋。但次子朱见潓之母最得朱祁镁宠爱，母子二人夺嫡未成，便盗去世子金册，且再不来朝见其父，朱祁镁上报朝廷将朱见潓革为庶人。第三代郑王朱见滋之子朱祐枔（第四代郑王）死后无子，按说应由朱见潓之子朱祐橏袭位，因之前已贬为庶人，于是立三子东垣王朱见濆追封为第五代郑王，其子朱祐檡（第六代郑王）也就是朱厚烷（第七代郑王）之父为郑王。这时朱祐橏已不求夺嫡，只求能恢复郡王爵位，结果朱厚烷并没有帮他上奏。因此，朱祐橏怀恨在心，乘帝怒打击报复朱厚烷。嘉靖帝命令驸马、中官即刻审查朱厚烷，查无实据，只是“治宫室名号拟乘舆则有之”，也就是在建筑、名号、车马轿舆等方面有些逾制。嘉靖帝怒：“厚烷讪朕躬，在国骄傲无礼，大不道。”为此，将其“削爵，锢之凤阳”。同时，剥夺了朱载堉的世子冠带。

此时，只有朱厚烷之母阎太妃坐镇家中。少年朱载堉深受其父郑恭王修德讲学、布衣蔬食、能书能文、折节下士的影响，自幼俭朴敦本，聪颖好学。因“痛父非罪见系，筑土室宫门外，席藁独处者十九年。厚烷还邸，始入宫”。十八岁那年，应该是谈婚论嫁的年纪，朱载堉却无心婚配：“否也。吾日惧渊陨，敢知日余家室。”于是，他一直未成家，并与关西名僧松谷成为好友，经常谈经问道。直到隆庆元年（1567），嘉靖帝朱厚熜因服丹中毒崩逝，隆庆帝即位，大赦天下，朱厚烷才恢复王爵，并增禄四百石，朱载堉也在这一年被恢复世子冠带。之后，他才与明代著名的文学家、音乐家、数学家，曾任南京右都御史的何塘之孙女结亲，这一年朱载堉已三十五岁。

朱厚烷通晓音律，对其子朱载堉发明新律起到过很大的影响。朱厚烷曾说：

“援笙证琴，昭然易晓，援琴证律，显然甚明……笙琴互证，则知三分损益之法非精义也。”

朱载堉在《进律书奏疏》中也曾说：

“臣父昔年居凤阳时，彼时亲手操缦谱稿，藏诸箧笥，还国出以示臣，且谕臣曰，‘尔宜再润色之，为我著成一书，以便观览’。及有口授，指示甚详。”

何塘也曾著有《乐律管见》等书籍，对于朱载堉的音乐研究也有过一定的影响。

万历十九年（1591），朱厚烷薨。朱载堉以德报怨，不仅不记恨朱祐橏污蔑其父，还认为郑王的爵位应交还给他们一支，并上奏请辞王爵：“郑宗（郑藩王）之序，盟津（盟津王朱见濍）为长。前王见濍，既锡谥复爵矣，爵宜归盟津。”礼臣回奏：“载堉虽深执让节，然嗣郑王已三世，无中更理，宜以载堉子翊锡嗣。”朱载堉坚持不懈，累疏恳辞。最后以朱祐橏之孙朱载玺嗣郑王爵位，而令载堉及翊锡以世子、世孙禄终其身，子孙仍封东垣王。皇帝对他的这种做法十分感动，派遣礼部主事潘士达嘉奖朱载堉三代，筑让国高风坊。敕曰：“世子载堉，尔克义是循，固逊王爵，克振纲常，朕心汝康、汝嘉，汝爵原爵，汝禄岁千石。有司羊一，酒一，为诸藩式。”皇帝的意思是朱载堉宗伯（朱载堉比隆庆帝大一辈），您严格遵循道义，非要让出王爵，努力振兴伦理纲常，我真心地祝愿您安康、嘉好。您还是原来的爵位，每年食禄米千石。我派官员送来羊一只，酒一坛，给各宗藩做个榜样。

天潢贵胄一般都争王争霸，让爵是极少数，这与朱载堉的性格有关，也与他喜爱古琴相关。他曾说：

“喜的是囊里闲篇，爱的是桐上丝弦。”

“最乐哉野外山人，功名敝屣，富贵浮云。万卷诗书，满壁字画，一张瑶琴。”

“叹人生，容易老，总不如盖一所安乐窝巢，上挂着耕读渔樵，闲时把琴敲，闷向河边钓。”

经历过从王子到庶人的巨变，朱载堉早已看破名利，最爱的是与三五知己“一人吹律，一人弹琴，一人击缶而歌。余亦自歌，互相倡和，而乐在其中矣”。

除修身养性外，古琴还在朱载堉发明新法密率的过程中起过十分重要的作用，他在《律学新书》中说：

“臣尝宗朱熹之说，依古三分损益之法以求琴之律位。见律位与琴音不相协而疑之。尽夜思索，穷究此理，一旦豁然有悟，始知古四种律皆近似之音耳！此乃二千年间言律学者之所未觉。”

这督促他不用三分损益法而另立新法，终于发明了新法密率，解决了 2000 多年来黄钟不能还原的难题。不仅如此，他还在很多学术领域取得了丰硕的成果，成为一位百科全书式的人物，为后人留下了丰厚的文化遗产。

明·杜琼《友松图》卷　[故宫博物院藏]

历苦衷言只自知

——明崇昭王妃与古琴的故事

在中国古代的王府中，
歌舞升平是常有之事，
王妃中擅弹琴者也不乏其人，
但是真正留下琴谱著作的却仅有一位，
她就是明代第六代崇昭王之妻钟氏。
钟氏不但擅长弹琴，
能够编撰琴谱，
而且曾专门命人为自己斫制古琴，
并创作琴歌流传后世。
那么，
她所编纂的是何琴谱？
创作了什么琴歌？
传世名琴中有无她所演奏过的古琴传世呢？

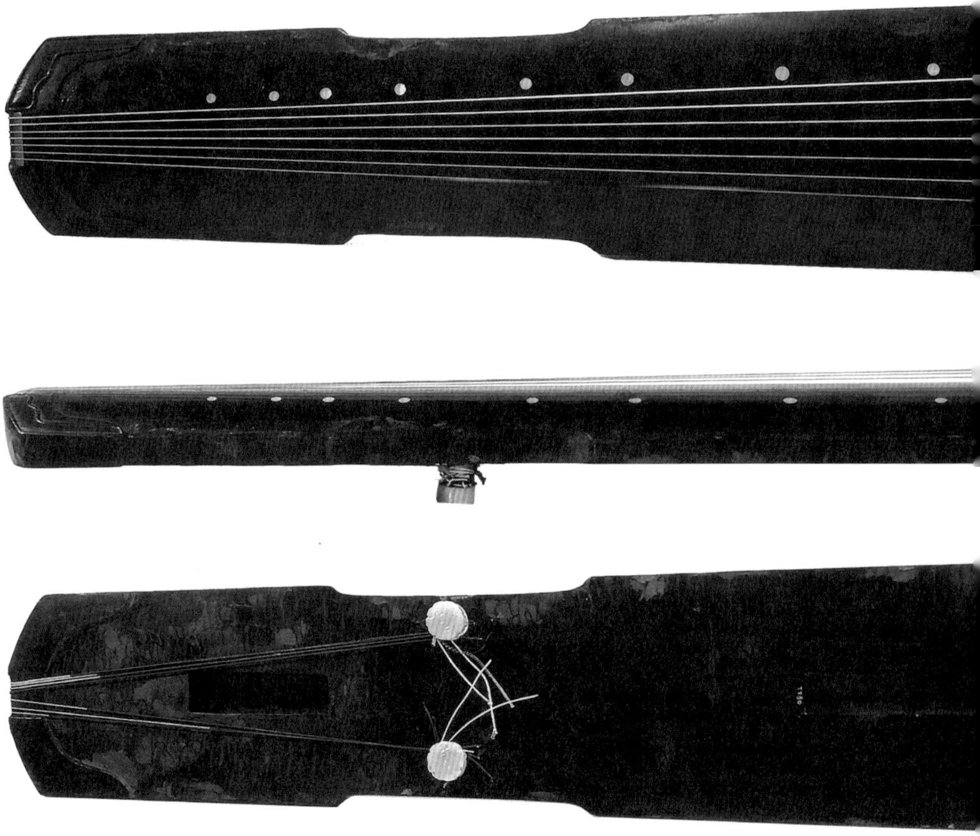

思齐堂中辑琴谱

崇王一支在明代是备受重视的王族。第一代崇王朱见泽（1455—1505）是成化皇帝朱见深（1447—1487）唯一一位一母同胞的弟弟，他两岁便被封为崇王，十九岁就藩汝宁府汝阳县（今河南省汝南县）。在就藩汝宁前，他继承了同父异母的哥哥秀怀王朱见澍（1452—1472）和顺阳王朱有烜（1385—1415）的所有封地和所有待遇，就封之后又得到2500余顷赐地和每年300引的淮盐（每引折盐300斤或钱6钱4厘），八年后又得到了两淮存积盐1000引的赏赐，可谓家底殷实。《明史》中说第一代崇简王朱见泽、第二代崇恭王朱祐樒和第三代崇靖王朱厚燿“三王并有贤名”。

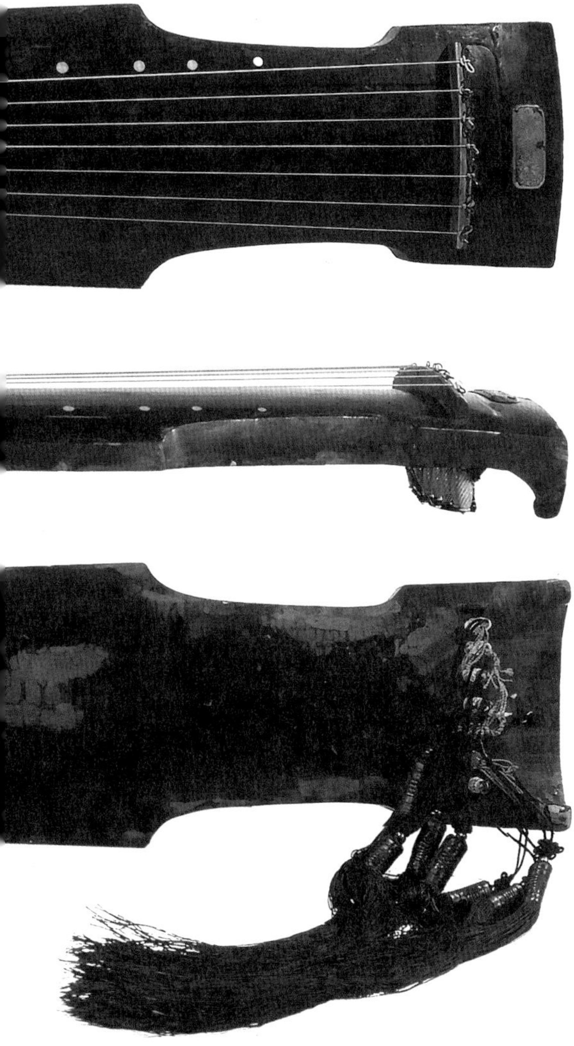

明·崇昭王妃琴正面、侧面、背面

［中国艺术研究院藏］

有了这样的家风，王妃的品德也不会太差，因在自己的婆婆第三代崇王妃生病时“亲供汤药，衣不解带”，清朝人陈梦雷在《古今图书集成》中称第四代崇庄王的王妃成氏“母仪淑慎，虽古之贤妃无以过也”。

第五代崇端王朱翊鐕（？—1610）享国五十二年，

是最长寿的崇王，但他的子嗣并不多，嫡子早夭后继承人只能从两位庶子中选择，第一位被选择的庶长子朱常漣于万历六年（1578）被封为世子，五年后病逝，这样崇王继承人的桂冠就落在了庶二子朱常溎（1566—1602）头上，这是朱翊鐕唯一在世的儿子了。

万历十二年（1584）十二月，崇王朱翊鐕上书请求改封庶二子朱常溎为世子，钟氏为世子妃。好事多磨，由于朱翊鐕担心第二位庶子继承王位的申请不易通过，便在上书朝廷的同时，派遣王府奉承高朝到具体负责这类事情的礼科疏通，结果被礼科给事中万象春告发，说高朝“赍贿入京”，最后虽查无实据，但这一来二去却占用了不少时间，直到两年之后朱常溎才被封为世子，其妻钟氏被封为世子妃。

世子妃钟氏就是后来的崇昭王妃钟氏。因为朱常溎万历三十年（1602）未袭而薨，他的父亲朱翊鐕则在八年之后去世，因而在朱翊鐕去世后朱常溎被追封为崇昭王。世子妃钟氏也就成了崇昭王妃。

这位崇昭王妃在史籍中并没有多少记载，但正是由于她与古琴的特殊缘分才使其在音乐史上留有了一席之地。她编纂了目前存世琴谱中唯一一部由王妃编纂的琴谱集《思齐堂琴谱》。

《思齐堂琴谱》一书卷首有崇昭王妃所写《题重镌琴谱引》，可知此谱曾有重复刊印的情况。在引言中，崇昭王妃说：“**凡人情有结轖（心中郁结不畅），必托悲歌浩叹以自鸣。**”可见，古琴是崇昭王妃排遣心中郁结的最好方式。

崇昭王妃“**于是取旧谱若《洞天》《圯桥》《汉宫》《水龙》诸操，每于问安视膳及抚孤理国之暇，明月在天，清风拂幌，一抟一拊，指渐熟，法渐老，可引申触类也**”。她在向家中长辈问安，照料家人膳食，抚养家中幼子，处理国事的闲暇，演奏谱中所收诸曲，最后达到了触类旁通的状态。

时光匆匆而过，而“见于指下之音，吁嗟是可以传矣”。虽然也有人来规劝“说者谓妇言不出于阃（妇女居住的内室）”，但是崇昭王妃想到“欧阳公，四岁而孤，家贫无资，太夫人以荻（芦苇秆）画地，教以书字”，她也要向欧阳修之母学习。她不想让自己熟练演奏的《洞天》诸操埋没于历史的尘埃中。虽然其夫（也是她的知音）已然逝去，但是希望她自己所传之曲谱能“于声音悲歌间而志余不负国”，而且使得后世子孙“于声音悲歌间庶几不负余矣”。

引言后为崇昭王妃所撰之《指法要论》，此处用语更为平易近人，“古人用意全在指法上做工夫。工夫之道只在中和得宜”。这句话道出了明代皇家对于古琴之道的理解——“中和”。要用古琴表达情感必须要技术熟练，要在指法上下功夫，“右手指法不可太重，太重则伤于刚；不可太轻，太轻则伤于柔；是以轻重必须得宜。左手指法不宜太疏，太疏则收拾不来。不宜太拘，太拘则不能调和舒畅”。所以“上古圣人注指法，令之后学者归之于正”，只要“指法出乎自然，举操无不斯美矣”。如此深入浅出的语言，也可看出崇昭王妃古琴演奏水平之高。

《指法要论》后为左右手指法及琴谱所收之《洞天春晓》《圯桥进履》《鸥鹭忘机》《秋思》《秋月照茅亭》《静乐吟》《苍梧怨》《碧玉吟》《渔歌》《渭滨吟》《汉宫秋》《水龙吟》等 12 首曲目，曲目按宫意、商意、角意、徵意、羽意排列。

曲目之后为仪宾刘东聚熏沐顿首所作跋，“仪宾”是明代对宗室亲王、郡王之婿的称呼。跋中崇国之婿刘东聚称呼崇昭王妃为太国母：“国力多艰，臣绵力无能效一臂，然习见太国母事”。太国母“抚冲主，止慈，而拮据国事”，对崇国作出了特别大的贡献，而自己却未能为崇国效一臂之劳，现在太国母将自己所传之琴曲“**付之焦桐，以传不朽**”，自己才有机会“得效区区犬马之劳”。

刘东聚跋后为赐进士及第、资政大夫、南京吏部尚书，已77岁高龄的东阳人沈应文（1543—1627）于万历庚申岁（1620，万历在位的最后一年）正月吉旦（初一）所写之《**崇昭王妃钟氏历苦衷言操序**》。序中说：“自昭王薨逝，而八旬病翁，一丝国脉，辏集于昭王妃一身，伶仃困苦极矣。”昭王妃的丈夫去世之后，家中上有老，下有小，崇国的重担全部压在了昭王妃身上，伶仃困苦到了极点。“王妃矢志代养，抚孤理国，于转危为安之际，手出《历苦衷言》昭告诸孤，使知患难。”昭王妃耗尽心血将崇国转危为安，为使后世子孙知道这段困难的家史，才写出了琴歌《历苦衷言》。昭王妃的事迹“海内素所信慕者，图而纪之，咏而赞之，抚案交章上其事，天子嘉之。敕有司特建棹楔，以示旌异”。皇帝知道后，也为崇昭王妃建牌坊进行嘉奖。正是崇国之婿刘东聚将昭王妃所作琴歌带给了沈应文，并请他作序。虽然他“素昧丝簧”，但是《历苦衷言》意义重大，“以仁敬孝慈之道，出以义侠，佐以才干。种种苦心善政，保孤起国而再造之”。这首作品“**即以龙门之琴奏之宗庙可也**”。

序言后为黄钟调之《**历苦衷言**》，共二十二段，每段均设有小标题，谱旁注有歌词。在《**题重镌琴谱引**》中，崇昭王妃说道，用琴声来表达自己的心意，虽然“**其里苦**（内心很苦），**其言凄**（歌词很悲伤）”，但是“**其寄义则婉**（美好）”，“**于是数年来谬为铨次，段分節比，寄之弦上，声以志意中事**”。她将情感全部写入此曲之中，“**余历苦衷言大抵近是，然历苦矣，只自知耳，宫府内外未知也**”。

唐·《仿唐人侍女图》［中国台北故宫博物院藏］

由于史籍中崇昭王妃的事迹失载，而在《历苦衷言》中我们可以得知她的一些具体信息。在第一段“授言自叙”中，她说：“余生董村，选入王门。”可知其生于今河南省驻马店市汝南县董会村。董会村相传是董永与七仙女故事的发生地。在第二段“奉事各宫”中，她说，“父王的那沉痾缠绵”，自己“朝夕间问寝食侍膳”奔走周旋，“药必亲尝”尽心服侍。在第四段“多方求嗣”中说，她曾生有一子，但不幸夭折。之后在万历三十年（1602），她“助请媵妾，欲广国储”，一下为朱常瀋纳了五位妾室，希望她们能够生子，延续国嗣，并且“劝主呵，有罪兮宽舒。嘱妾呵，用心兮起居”。她则“焚香斋沐”为其夫念经祈祷，希望得子。第五段“重遭国难”中说，她家中“成太太（朱翊瀋为崇王），谥号昭，钟氏被册封为崇昭王妃。”但是按照制度，由于朱常瀋没有做过崇王，因而只能给崇昭王妃册命，而不赐给冠冕和礼服，但是万历皇帝却破例全部赐给她“冠服册命荣膺，明旨后不为例”。（第二十段“晋封特典”），之后崇昭王妃请旨为新一代崇王婚配（第二十一段“婚选佳偶”），至此崇昭王妃算是完成了任务。在第二十二段歌词中，她说，“**借琴音写我心，哽咽泪淋淋**”。“愿王始终体念，勉力行仁”使得“子子孙孙，万载千春，知有受苦未亡人”。

在琴谱的最后有赐进士第、奉政大夫、前礼吏两科给事中南京尚宝寺卿吴兴李乐顿首所作《崇昭王妃历苦衷言后跋》。跋中说：“（崇昭王）妃遭国多难，以孑然之身，延如线之脉，艰苦备尝。”因他“素仰妃贤，而又辱刘君（东聚）之命，勉为之跋”，可知此跋也是刘东聚请朋友所作。崇昭王妃的女婿刘东聚不仅为《思齐堂琴谱》出力甚多，还曾为崇昭王妃监制过古琴，此琴尚存于中国艺术研究院。

崇昭王妃琴器传

中国艺术研究院所藏刘东聚监制之琴名为“**崇昭王妃**”琴。此琴为仲尼式，琴体由杉木斫成，通体髹黑色漆，漆面发流水、蛇腹断纹。琴额镶嵌玉饰，玉上雕凤凰纹饰。岳山、焦尾均为红木，岳山镶有竹片，

崇昭王妃琴琴额玉佩

较为少见。蚌徽象牙轸，白玉雁足。用材甚为考究。

琴背龙池、凤沼皆为长方形。琴腹内龙池两侧刻有**隶书腹款**，右刻**“明万历己未岁孟秋吉旦”**。万历己未为万历四十七年（1619），孟秋指秋季的第一个月，即农历七月，吉旦为农历每月初一日。左刻**“敕理国事崇昭王妃钟”**，钟氏在其抚育的第四庶子崇懿王朱由横于万历四十年（1612）袭爵后，其夫朱常被追封为崇昭王，她也被封为崇昭王妃。由此款可知，此琴为钟氏所用，腹款均填朱漆。

凤沼内刻有楷书腹款，右刻**“遣典宝黄进”**，典宝是掌管印玺的官职；左刻**“仪宾刘东聚监造”**，《幼学琼林》中曾说：“主、县君，皆宗女之谓；仪宾、国宾，皆宗婿之称。”可见，此琴是由掌管崇国印玺的黄进与崇昭王妃女婿刘东聚共同监制而成。

此琴自崇昭王妃之后其流传情况尚不明了，据管平湖先生弟子程宽之子程世佐言：

“20世纪40年代，家父与洋买办抢购‘飞泉’琴到手后，请管先生修整。国民党军统之中会琴者得知后，强逼管先生交出‘飞泉’，管先生情急智生，谎称‘琴已取走’，并告以自家尚有好琴‘崇昭王妃’琴，机智地将人支走。第二天早晨，管先生立即送‘飞泉’琴到沈幼家，很好地保护了友人之琴。”

据此可知，管派创始人管平湖先生曾收藏此琴。管先生之后，此琴收入管先生曾工作过的中国艺术研究院。

中国古代不乏女性琴家，但主人流传下曲谱，流传下古琴，且为王妃者，仅此而已。

明代王爷制琴的挽歌

——潞王斫『中和』琴的故事

明代诸王中喜欢古琴的大有人在，他们不仅演奏古琴，而且还编纂琴谱，制作琴器。在传世的明代诸王琴中尤以宁王、益王、衡王与潞王最为出名，琴界号为『四王琴』，而其中，存世数量最多的要数『潞王琴』。

明·『中和』琴琴头［河南省新乡市博物馆藏］

卫辉潞王擅制琴

小潞王**朱常淓**（1607—1646）在《明史》中共留下两句话。崇祯年间，农民起义侵扰陕西、山西、河北，常淓上书告急："卫辉城卑土恶，请选护卫三千人助守，捐岁入万金资饷，不烦司农。"朱常淓生长于卫辉（卫辉府，今大致为河南省新乡市与鹤壁市），是受尽恩宠的第一代潞王朱翊镠之子。万历四十六年（1618），十二岁的朱常淓袭封潞王，此时已为潞王的他，守土有责，选护卫三千助守卫辉，并捐岁入万金以资军饷，朝廷嘉奖了他。后来，农民起义愈演愈烈，竟盗发王妃墓，朱常淓再次上书："贼延蔓渐及江北，凤、泗陵寝可虞，宜早行剿灭。"请朝廷保护祖陵，早日剿灭义军。虽只寥寥数言，《明史》却对他给出了较高的评价："时诸藩中能急国难者，惟周、潞二王云。"

能急国难的朱常淓，其父是明朝在位最长的万历帝（1563—1620）的弟弟，因此他是万历皇帝的堂侄，虽然只比崇祯帝（1611—1644）大四岁，但辈分却比崇祯帝高一辈。崇祯帝酷爱古琴，且水平很高。他曾

明·『中和』琴琴尾

随蜀人杨正经学琴，能演奏三十余首琴曲，最爱演奏的琴曲是**《汉宫秋》**。不仅如此，他创作了《崆峒行》《据桐吟》等不少琴曲，还创作了不少琴歌的歌词。而潞王朱常淓酷爱音律，尤擅弹琴，不仅于崇祯七年（1634）纂集刊印有7册，收曲五十首（包含潞王自己创作的《中和吟》等曲）的**《古音正宗》**琴谱，而且还命人斫制有大量古琴，并创制出“中和”琴式传世。潞王曾在《古音正宗》琴谱中引嵇康《琴赋》所言：“**知音者希，能尽雅琴，唯至人。**”世上知音甚少，能真正理解古琴精神的至人更少，而崇祯帝可能就是自己所寻觅的知音，潞王曾经将自己斫制之琴进献给崇祯帝，而皇帝也曾将明宫藏琴赏赐给他……

据清人张道《临安旬制纪·卷三〈潞王佚事〉》记载：

“潞王好鼓琴，其所制前委两角，材特精良。崇祯年，明帝尝出宫中古琴赐之，后流落人间，并称潞琴。”

那么，崇祯帝赏赐给潞王的是什么琴？这就引出明末的一段旧事来。

1644年甲申之变，北京陷落，崇祯帝是“天子守国门，君王死社稷”。不过，大明王朝在南京还有一套完整的政府班子，福王朱由崧和潞王

明·仇英《停琴听阮图》

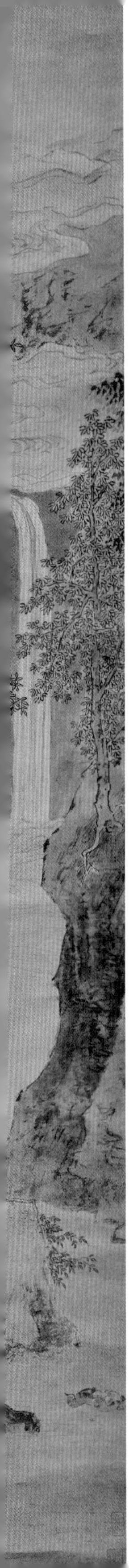

朱常淓被视为继承大统的最有力人选。礼部侍郎钱谦益曾对兵部侍郎吕大器说："潞王，穆宗之孙，昭穆不远，贤明可立。"且"江南北诸绅""群起拥潞王"。但是，拥戴潞王的多是东林人士，他们也有自己的打算，害怕小福王算起他们反对立老福王为太子的旧账，但是东林文臣没有倚仗的军队，因而拥立之事未能成功，福王即位。

但福王的弘光朝廷不到一年便在清军的打击下覆亡，弘光元年（1645）六月初七日，文武百官朝见邹太后，请命潞王监国。邹太后随即发布懿旨："尔（朱常淓）亲为叔父，贤冠诸藩。昔宣庙东征（明宣宗朱瞻基亲统大军赴山东平定汉王朱高煦的叛乱），襄、郑监国（襄王朱瞻墡、郑王朱瞻峻奉命监国），祖宪俱在，今可遵行。"但此时兵临城下，"潞王坚辞，太后泣谕再三，乃受命"。但是，他初八日登监国位，初九日便派遣陈洪范北上"议割让江南四郡以讲和"。当方国安将军率领一万多名明军与清军在杭州城外激战正酣时，潞王竟命人"以酒食从城上饷满兵"。五天后的十四日，潞王降，清军占领杭州。

潞王等人被清军挟往北京，临行前"潞王出庄烈皇帝所赐琴付北使，去其衣，琴灿然有若雷锦。潞王泣指曰，是雷琴，故宫人以雷文刺衣"。此前监国也好，投降也罢，潞王不一定由其本心，而此时他真情流露，将崇祯帝送他的古琴，从琴囊中拿出来再看最后一眼，然后交给北使。此时，他百感交集，知音已逝，宝琴灿然犹存。他垂泪动情地说道：**"这张是唐代的雷琴，所以故宫宫人将雷纹刺于琴囊之上。"**想当年自己进奉给崇祯帝的古琴曾被作为"乾清供奉"，并"曾赐诸王"，而今国破家亡，王孙散去，沦落江湖，令人唏嘘。

顺治二年（1645）十一月，在北京的潞王上疏清廷"恭谢天恩"，疏中言道："念原藩卫郡（卫辉府）蹇遭逆闯之祸，避难杭城，深虑投庇无所。幸际王师南下救民水火，即率众投诚，远迎入境。”即便如此卑微祈求，次年（1646），他还是与九位明代藩王因“不知感恩图报，反妄推立，鲁（笔者注‘潞’）王等私藏印信，将谋不轨”而被戮于市……

新乡馆中名器存

河南省新乡市博物馆中收藏有一张潞王的“中和”琴，三百多年后此琴再次回到潞王的故乡也算是一种缘分。

此琴面板为桐木斫成，底板为梓木斫成。琴胚上施八宝灰胎，胎上髹黑漆，漆面发蛇腹、流水断纹。花梨木岳山、焦尾，承露、龙龈亦为花梨木，蚌徽红木轸，玉制雁足。由此可见，潞王制琴用料之精。

琴背龙池为圆形、凤沼为正方形。龙池上方刻“**中和**”琴铭，龙池内琴腹上刻楷书：

明·『中和』琴（局部）［河南省新乡市博物馆藏］

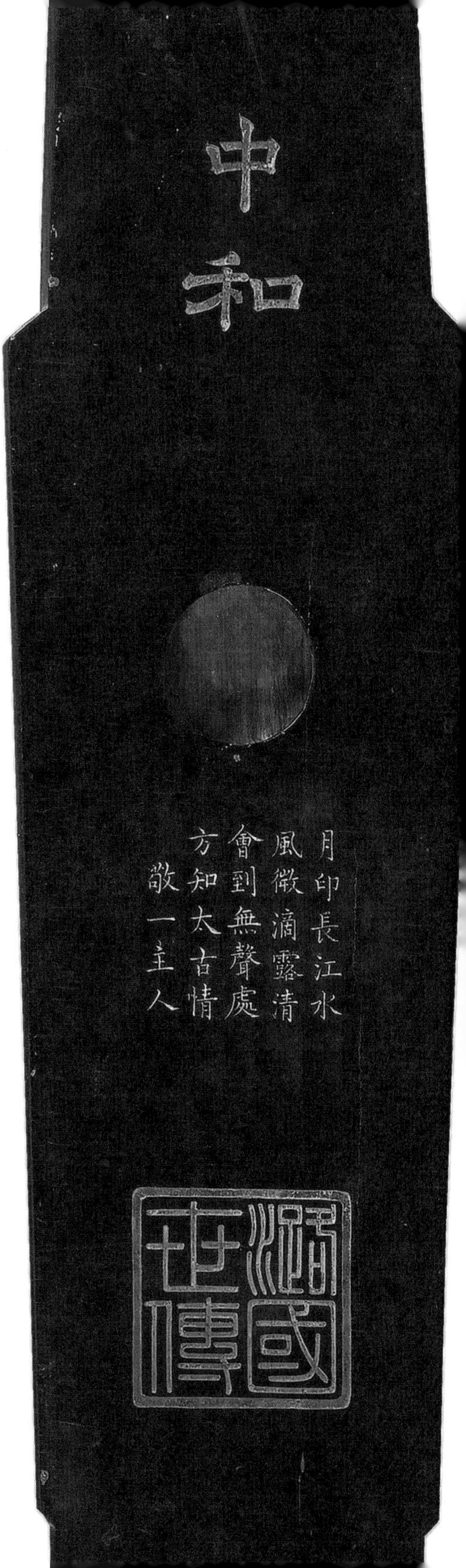

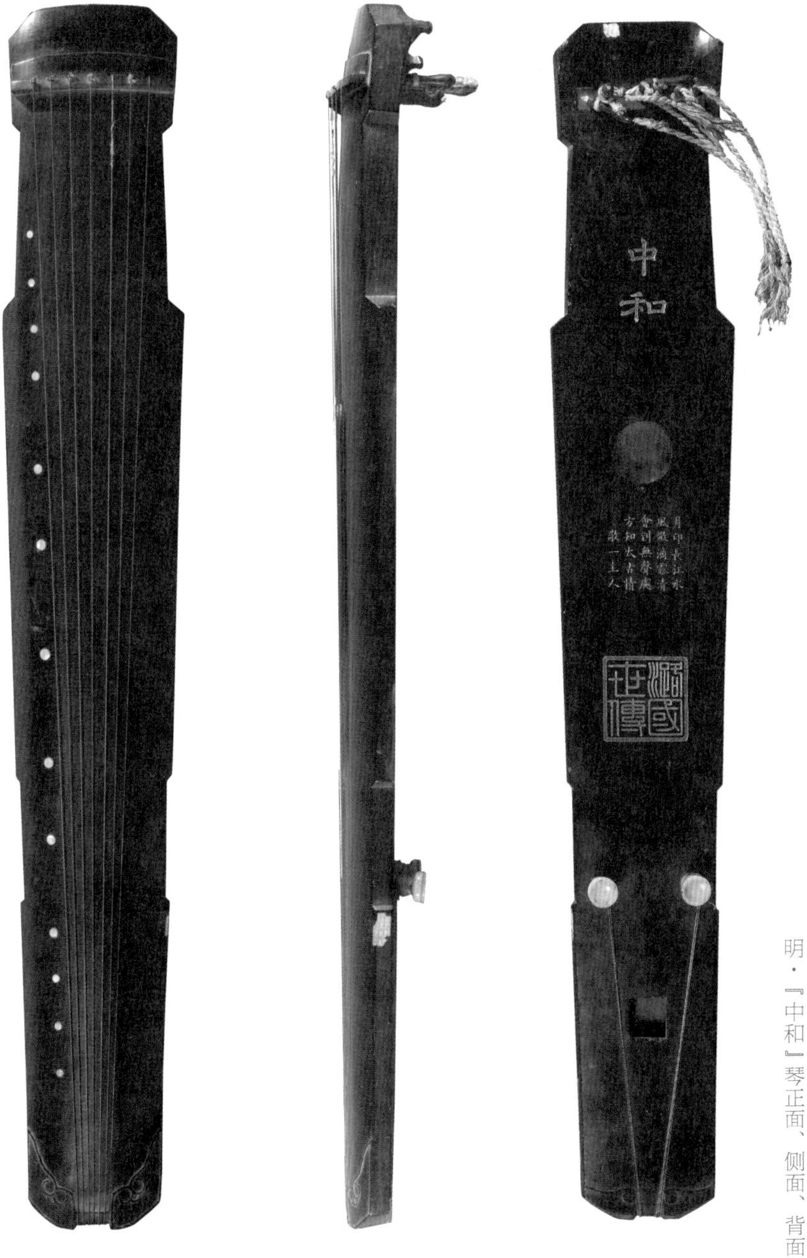

明·『中和』琴正面、侧面、背面

“大明崇祯甲戌岁潞国制六十四号。”崇祯甲戌为崇祯七年（1634），而序号是此琴在潞王所制一批“中和”琴中的位置。龙池下刻：**“月印长江水，风微滴露清。会到无声处，方知太古情。”**琴铭，款署敬一主人，下有填金**“潞国世传”**大印。此琴铭、署款、大印可以说是“中和”琴的标配。署款、大印都较好理解。琴铭说的是**夜晚明月高悬，月影映于长江之上，微微的清风吹动了树叶，树叶上一滴清莹的露珠滴下**。后两句诗说的是**弹琴时正是在无声之处，才能达到无声胜有声的效果**。

此琴是河南省新乡市博物馆于1956年从北京张先生处收购入藏的，至今已保藏馆中六十余年。

小潞王朱常淓在《古音正宗》中这样描述自己创制的中和式琴：

“是制也，额起八棱，以按八节；腰起四棱，以按四时；龙池上圆，凤沼下方，以按天圆地方；琴尾作环云，托尾作双星，以按景星庆云，乃成天象。名曰中和。”

据此可知，潞王琴最显著的特点有四：一是“**额起八棱，以按八节**”，就是琴额左右两端有切面，若无切面便与传统的仲尼式样相似。这两个切面有八个边，象征古人常说的立春、立夏、立秋、立冬、春分、夏至、秋分、冬至八个重要的节气。二是“**腰起四棱，以按四时**”，琴腰凹入方折，象征春、夏、秋、冬四时，以方折而不是圆润来凸显庄重感也是“中和”琴的特色之一。三是“**龙池上圆，凤沼下方，以按天圆地方**”，琴背龙池、凤沼上圆下方，以象天地。四是“**琴尾作环云，托尾作双星，以按景星庆云，乃成天象**”。焦尾正面刻环形庆云纹饰，像五彩祥云，背面刻双星纹饰，双星为景星、瑞星之意。景星庆云是为祥瑞的象征。朱常淓赋予了“中和”琴更多的内涵。

历史上关于潞王琴的记载较多，清代学者王士禛（1634—1711）在《池北偶录》中说：

“故明潞藩敬一主人，风尚高雅，尝造琴三千张。予犹见长安市上售其一，有隶书‘中和’二字。”

“造琴三千”应为虚数，极言其做琴之多，但不确切。

清代陆廷灿在《南村随笔》中也曾说：

“故明潞藩敬一主人风尚高雅，尝择良材，选名手，造琴三千张。又仿宣和博古图式，造铜器数千枚瘗地中欲使后世流传其名。此与沉碑汉水者同一意也。今其琴往往遇之，而铜器尚未之见。”

据此条文献可知，潞王做琴的目的可能是“欲使后世流传其名”。作为一个衣食无忧又处处受限制的王爷，朱常淓有通过器物流传其名的想法也不难理解。

清代光绪年间（1875—1908）的《续高屏县志·卷十四〈潞王琴记〉》中也有一条潞王琴的记载与此“中和”琴类似：

“琴长三尺六寸五分，漆黝黑有光，杂金珠斑，其徽黄金也。轸

明·董其昌《聚贤听琴图》 [美国明尼亚波利斯艺术馆藏]

以菜玉为之，抚其弦声，清越以长。背隶刻‘中和’二字，字径寸半许。下刻诗云：月印长江水，风微滴露清。会到无声处，方知太古情。署曰：敬一主人。皆真书（注：楷书）。印篆曰：潞国世传，印径三寸，弱篆仿李斯。凤沼方，龙池圆而大，内周遭刻‘大明崇祯己卯（1639）岁潞国制八十六号’十四字，亦真书。侧窥乃可见额作方折形，类八字尾，与新制亦稍异。”

清末民初琴家九嶷派创始人杨宗稷先生在《琴学丛书》中对潞王琴分析得最为透彻：

“明宁、衡、益、潞四王皆能琴，潞琴最多，益次之，宁、衡最少。”

“潞王因得天启癸亥（1623）西湖茂生甫李枝所斫之琴，为新安芝梁甫程畹所藏，音韵无有过于此者。遂命良工斫琴四百余张，其音皆不如此琴之美，因命名无极、太极、二仪、四象、八卦。无极琴背面并无图书，字迹乃八宝鹿角灰漆所成，自太极至八卦皆有潞王之宝图书一方，琴额不缺二角，下余四百张皆缺二角，腹中皆有次第之号，琴背有‘中和’二字，敬一主人跋一段，‘潞国世传’图书一方，总共四百十六张。大明弘光仲春斫，按予所藏‘天风海涛’，池中款与潞王所得者不差一字，音在潞琴上。向以为与潞琴所制，同出一手。予所题识见予《琴话》前集，今据此说，实为潞琴之祖。因于池下刻二寸许方印，文曰‘潞祖’，为之美称。以自幸鉴别之精。惟予所见潞琴，皆刻崇祯纪年，此以为弘光仲春，又不知何所据也。”

据杨先生的记载可知，潞王得到做琴良材之后，曾命良工制琴 400 多张，并将其命名为无极、太极、二仪、四象、八卦。无极琴背面并无印章、题铭，自太极至八卦皆刻有潞王之宝图书一方，但琴额不缺二角，其余四百张皆缺二角，腹中皆有次第之号，琴背有“**中和**”二字，敬一主人跋一段，“潞国世传”图书一方，总共四百六十张。不知杨先生是否看到了更为直接的史料证据，从而知道“中和”琴的具体件数。

那么，小潞王朱常淓的琴为何叫作“中和”呢？一方面，潞王朱常淓字中和，号敬一主人、敬一道人，用自己的名字来命名古琴；另一方面，他也是将《礼记·中庸》之“喜怒哀乐之未发谓之中，发而皆中节谓之和。中也者，天下之大本也；和也者，天下之达道也。致中和，天地位焉，万物育焉”的道理放入自己创作的古琴之中。现存朱常淓篆刻中，有一方印为“**和顺积中英华发外**”，这里也有“中、和”二字，这句话出自《礼记·乐记》，下一句是“惟乐不可以为伪”。

《古音正宗》中收有四十四种不同形制的琴式，“中和”琴应是在这些琴式基础上改良设计而成。琴材、八宝灰胎、用漆、工匠均为上等，近人周庆云在《琴史续》中曾说，潞王琴在“民间不可得”，后来西湖琴师文君彦仿制潞王琴，但其效果亦“远不及也”……

清琴

第五章

从故宫博物院藏雍正朝文物来看，雍正帝的艺术修养和鉴赏水平都是清代诸帝中最高的。而且，随着雍正朝朱批谕旨和《雍正行乐图》等文物越来越被人们所熟知，雍正帝『可爱』与『文艺』的一面也渐渐被人们发现。在逐渐被人们熟悉的文物中，《雍正行乐图》是较为典型的一组图像，其中，尤以雍正帝头戴假发的形象传播最广。其实，在《雍正行乐图》中也有他演奏古琴的形象。那么，雍正帝的演奏水平到底如何？他最喜爱的古琴又叫什么名字呢？

南宋·『鸣凤』琴正面、背面图
［中国艺术研究院藏］

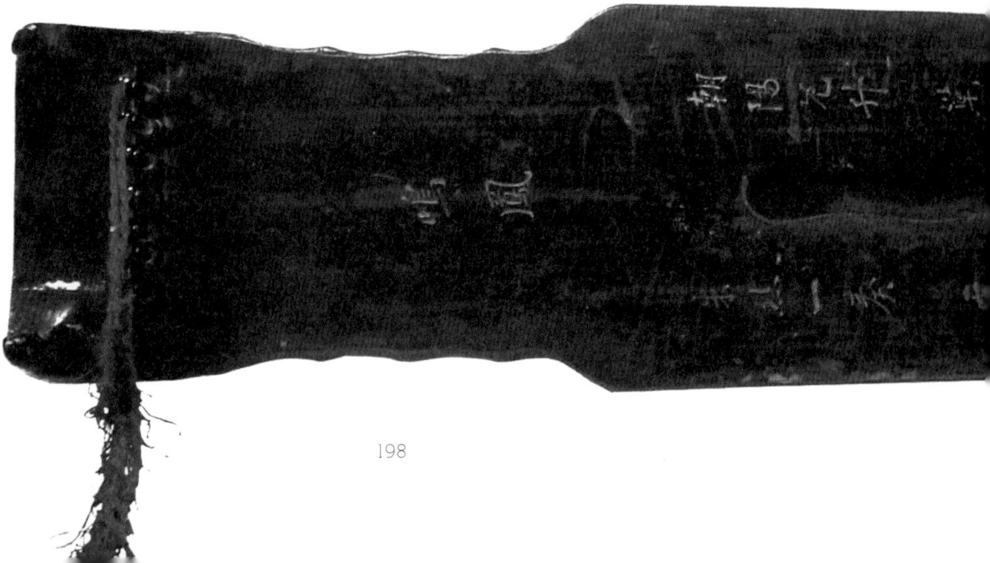

『鸣凤』与『洞天仙籁』

——雍正帝最喜爱的两张琴

一提到清代的雍正帝，很多人的脑海中立刻便会浮现出严厉和勤勉的印象。他在位期间实行了『摊丁入亩』『改土归流』『耗羡归公』和『官绅一体当差一体纳粮』等改革政策。虽说为乾隆朝的繁盛打下良好的基础，但也着实触碰了不少人的利益，严厉之名多从此来。雍正帝在位十三年，批阅过的奏折存世的便有41600多件，累计批复达1000多万字，雍正帝可算是历史上最勤政的皇帝，无愧于勤勉二字。

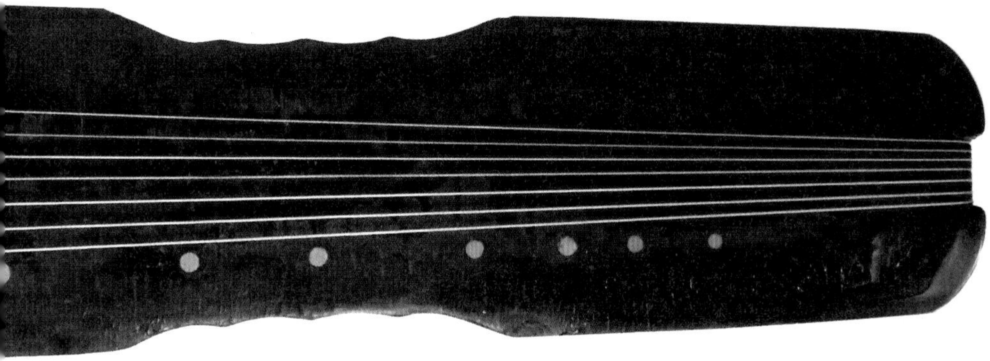

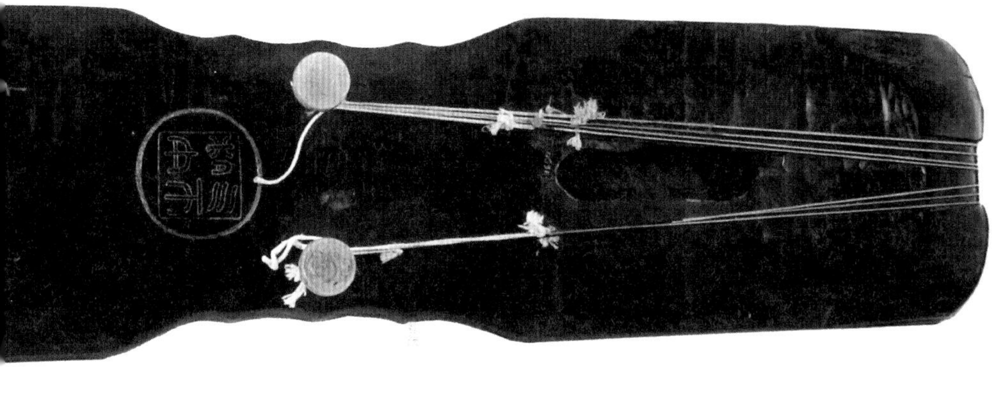

鸣琴行乐图中

故宫博物院收藏有各式各样的**《雍正行乐图》**共六套，文物名称均为《清人画胤禛行乐图轴》，在这六套图中，有两套画有雍正帝演奏古琴的形象。

第一套图，共十四开，每开画幅纵 34.9 厘米，横 31 厘米，描绘有雍正帝“执弓望雀”“以桃饲猿”“深山刺虎”等形象。其中以雍正帝头戴假发、手持钢叉、勇搏老虎的形象最为知名。

“竹林抚琴”一开描绘的是雍正帝头戴纱帽，身披绿衣，盘腿坐于深山竹林之下，和着眼前的流水弹琴。琴声随着思绪飘远，竟引来了天上的凤凰。正所谓：**“仙风道骨添神采，缘木弹琴引凤来。”**凤凰是传说中的百鸟之王，它的出现本身便是一种祥瑞。东汉时，贫寒士子司马相如以一首《凤求凰》俘获了富家小姐卓文君的芳心，使得“抚琴引凤”更添一层浪漫的内涵。

清人绘《雍正帝行乐图》·竹林抚琴
[故宫博物院藏]

清人绘《雍正帝行乐图》·对月鸣琴 【故宫博物院藏】

第二套图，共十六开。每开画幅纵 37.5 厘米，横 30 厘米。描绘有雍正帝**“柳荫濯足”“临窗观荷”“雪舟垂钓”**等十六种文人向往的生活形象。

“对月鸣琴”一开描绘的是苍虬的古松下，雍正帝着汉服，正演奏着横放于腿上的古琴。身旁，一条潺潺的小溪流淌于山石之间，一轮如圆盘似的明月藏于树梢之畔，使人有“**明月松间照，清泉石上流**”之感。雍正帝御制诗也有：“**秋宵嗷嗷云间鹤，古调泠泠松下琴。皓月清风为契友，高山流水是知音。**”描写的似乎正是这一场景。

抚琴潜邸之内

雍正帝的父亲康熙帝是历史上在位时间最长的皇帝，执政时间达六十一年之久。所以，老四胤禛和大哥、二哥、三哥、八弟、十四弟等兄弟有过一段漫长的皇子时期。其间康熙帝两废太子，有意于大位的皇子们蠢蠢欲动，上演了一出“九子夺嫡”的大戏。

四阿哥胤禛是众多候选人中最为隐忍的一位。其实，小的时候，胤禛性格有些急躁，康熙四十七年（1708），康熙帝曾对自己的儿子进行过评价，在评价四儿子时，他说四阿哥小时候“喜怒不定”，并曾训诫他遇事要“戒急用忍”。说这话时，胤禛已三十一岁，他特向父亲说明自己已到而立之年，性格已经稳定，恳请父亲不要将这句谕旨记载在档案里，康熙帝也认为这十几年来，四阿哥的确没有这种情况了，下旨免予记载。

为了磨练自己的心性，也为了塑造自己在皇位争夺时“天下第一闲人”的形象，胤禛开始了他的古琴学习之路。

《雍邸集》是雍正帝继位前的诗集，诗集中收有8首与古琴相关的诗作。春天，当柳絮飞舞之时，胤禛“巧入书帘如有意，抚琴飘卷伴书帏”。夏日，胤禛居于园中，常“鸣琴遥和岩头瀑，凉箔齐钩水面亭”。深秋，当海棠花开时，胤禛“倚窗罢抚紫琼琴，香烬金炉鹤梦沉”。冬雪飘时，胤禛“兴恰张琴好，心清得句工”。(《雪夜即事》)由此可见，胤禛一年四季都会弹琴。而且只要生活中一得空闲，便会操缦抚琴：“闭门一日隔尘嚣，深许渊名懒折腰。观弈偶将旁著悟，横琴只按古音调。”(《一日闲》)就连随同父亲出巡时也要带着古琴：“扈跸阅长河，微风起碧波。”“抚几调琴韵，临窗听棹歌。”此时的胤禛笃信佛教，就连在学佛时，他都会弹琴：“风花雪月天真佛，几簟琴书迦叶身。”可见除了伪装之外，胤禛也是真正喜爱弹琴的。

康熙帝音乐造诣很高，不但能弹琴，还发明了“康熙十四律”。在编纂《御制律吕正义》期间，康熙皇帝曾下过这样一道谕旨：

“问南府教习朱四美，琵琶内共有几调？每调名色原是怎么起的？大石调、小石调、般涉调这样名知道不知道？还有沉随、黄鹂等调，都问明白。将朱之乡的回语，叫个明白些的，著一写来。他是个八十余岁的老人，不要问紧了，细细的多问两日，倘你们问不上来，叫四阿哥问了写来，乐书有用处。再问屠居仁，琴中调亦叫他写来。”

从这条谕旨可以看出，四阿哥胤禛的音乐水平得到了父亲的认可。

评琴紫禁城中

雍正帝还是清代诸帝中与古琴相关的档案记载最早、类型最多的皇帝。

雍正四年（1726）雍正帝眼中那讨人嫌的“阿其那”（允禩）和“塞思黑”（允禟）终于死在了圈禁之地。跋扈之臣年羹尧与隆科多也差不多在这一年前后被雍正帝整治。雍正皇位坐得愈发稳固。档案显示，也正是这一年雍正帝开始了对清宫藏琴的系统整理。

雍正四年（1726）二月二十四日，总管太监王朝卿、刘国兴、安太交来丰泽园琴两张、瀛台琴两张、掌仪司琴一张、懋勤殿琴六张、敬事房琴十三张、宁寿宫琴五张、景阳宫琴一张、乾清宫琴四张、御书房琴四张、古董房琴两张、自鸣钟琴一张、所内琴一张、寿皇殿琴一张、观德殿琴一张、永安亭琴十张、毓庆宫琴两张、西花园琴八张、畅春园琴二十八张、静明园琴三张，府内太监沧洲交来琴十八张随蓝布套，黄布挖单，造办处收贮所内琴七张，传旨：**“着将弦对准，于二十六日、二十七日送来呈览，钦此。”**

于二月二十九日呈上，留府内琴五张并造办处收贮琴两张、永安亭琴4张，记此。于三月初二日永安亭太监张弼持去琴六张，记此。于三月初九日将琴一百零三张俱对弦准，首领太监程国用持进，交总管安泰讫。

这是档案中记载的清宫藏琴的第一次汇总，共汇总各处古琴一百二十张。雍正帝命人将所有的琴调好弦，准备于26、27日花两天时间一一试弹，估计是因有事耽搁，便于29日集中试弹，最后留下了五张府内琴，两张造办处收贮琴，四张永安亭琴。三月二日，永安亭太监张弼又奉命领走六张琴，直到三月九日，剩余的一百零三张琴均已调好琴弦，全部收储入库，交总管安泰管理。

那么，这次古琴整理，雍正帝还没有评定出自己最爱的琴是哪两张，但是“鸣凤”琴藏于懋勤殿，此次统计上交的有懋勤殿的六张琴，“鸣凤”应在其内，也许因雍正帝看琴时间紧张，尚未仔细选择。

直到四月二十七日，圆明园来帖内称，首领太监夏安交“鸣凤”琴一张系懋勤殿的、“流泉”蛇腹断琴一张系古董房的、“丹山瑞哕”蛇腹断琴一张系畅春园的、“中和”八宝灰琴一张、成化年梅花断“焦叶”琴一张、牦断“大春雷”琴一张，传旨：**“着收拾，其轸足不必动。钦此。”**于六月初一日收拾，换得穗子六付、琴垫六付，并交来琴六张，首领太监夏安持去讫。

这次，懋勤殿之“鸣凤”、古董房之“流泉”、畅春园之“丹山瑞哕”，还有三张尚不知何处的“中和”“焦叶”“大春雷”琴由于品质优良，被单独选入，供雍正帝抚弄。雍正帝对这几张琴非常满意，命人将琴收拾一下，但不要大动，就连琴的附件如拴弦的琴轸、雁足都不要动，只是为它们配了琴穗和琴垫，说明这几张琴都被雍正帝选中使用。

目前故宫博物院尚收藏有凤势式流泉琴，琴为桐木所斫，通体髹黑漆，红木琴轸，青玉琴足，琴背刻楷书贴金**“流泉”**琴名，为清宫旧藏，可能是雍正时期“古董房”之琴。此琴琴轸上还有较短的蓝色琴穗，不知是否为这次修琴活动所加。

除了将宫苑内的琴集中、对弦、收拾外，也是在这一年，雍正帝还开启了对宫内藏琴的评品定级工作。

雍正四年（1726）三月十九日，据圆明园来帖内称，首领太监夏安交来琴十张，说太监杜寿传：**着换弦，其琴轸足如无，换木足亦可。若不全处，些微收拾。轴上用五色绒。完时定等写帖，随琴带来。记此。**于四月二十五日，收拾得琴十张，交首领太监夏安持去讫。

雍正四年（1726）八月十六日，据圆明园来帖内称，首领太监夏安交来琴四十二张，内四十张有套，两张无套。传旨："**此琴内着会弹琴人选好琴六张，分做头等一二三四五六号数。钦此。**"于九月初二日将琴四十二张俱编等次号数，交太监夏安持去讫。

雍正四年（1726）十月十八日郎中海望持出：出等的琴三张、有等次的琴十八张，传："**出等的琴着配做红漆套箱，有等次的琴着配做黑退光漆套箱。记此。**"于五年三月初六日画得琴套纸样四张，郎中海望呈览，奉旨："**准先呈览过的，着改去寿字的琴套纸样一张，将改寿字的中心不必画花样，琴若何名就将琴名绣在上边，俱要紫色地，交与织造处织宋锦，二十一张俱要一样。钦此。**"据漆作柏唐阿六达子来说，做漆套箱琴二十一张，现存库。于乾隆六年（1741）六月二十三日司库白世秀将出等的琴三张配得红漆匣三件，有等次的琴十八张各配得黑退光漆匣各随锦囊，俱刻得款持进，交太监高玉呈进讫。

由这三条材料可知，雍正帝所建立的是一套完整的古琴评级体系。

宫内藏品被分为出等和有等次的琴两大类，有等次的琴又分为头等、二等、三等。雍正帝还专门为这些琴配做了琴套、琴箱。出等的琴配做红漆套箱，有等次的琴配做黑退光漆套箱。这一工作持续了十五年的时间，雍正帝自己都没能看到，直到乾隆六年（1741）六月二十三日才完工。

藏琴“琴德簃”内

中国台北故宫博物院藏有清代沈源所绘《琴德簃图》，图上有乾隆帝题跋：“**我皇考所贻古琴以宋制鸣凤、明制洞天仙籁为冠，皆有御铭。每一静对，穆然神移，不待抚弦动操始知至德之和平也，因篋藏于咸福宫东室，而以琴德颜其楣，并命画史写南薰之图。嵇康赋云‘理重华之遗操，慨远慕而长思’，实获我心矣。乾隆敬识。**”

『鸣凤』琴琴铭［中国艺术研究院藏］

可知，雍正帝死后，乾隆帝将他最爱

的两张琴："鸣凤"与"洞天仙籁"特辟专室"琴德簃"收藏。可惜两琴最终却都消失于"琴德簃"内。

传世名琴中有两张"鸣凤"琴，均为南宋所制。一张收藏于中国艺术研究院，一张收藏于香港某私人藏家手中。两张琴款式、琴名及龙池两侧之琴铭完全相同，琴背刻行书"鸣凤"琴名，龙池两侧为："朝阳既升，巢凤有声。朱丝一奏，天下闻名。"琴、字皆美！

明"洞天仙籁"琴现存世一张，1998 年 4 月 26 日曾出现在香港某拍卖场中。据拍卖说明云：此琴琴背刻有"洞天仙籁"琴名，制作于成化二十一年（1485），乾隆帝曾在琴上题有琴诗。可惜，笔者尚无缘见到此琴……

不知这传世的几张同名琴是否有雍正帝的最爱？

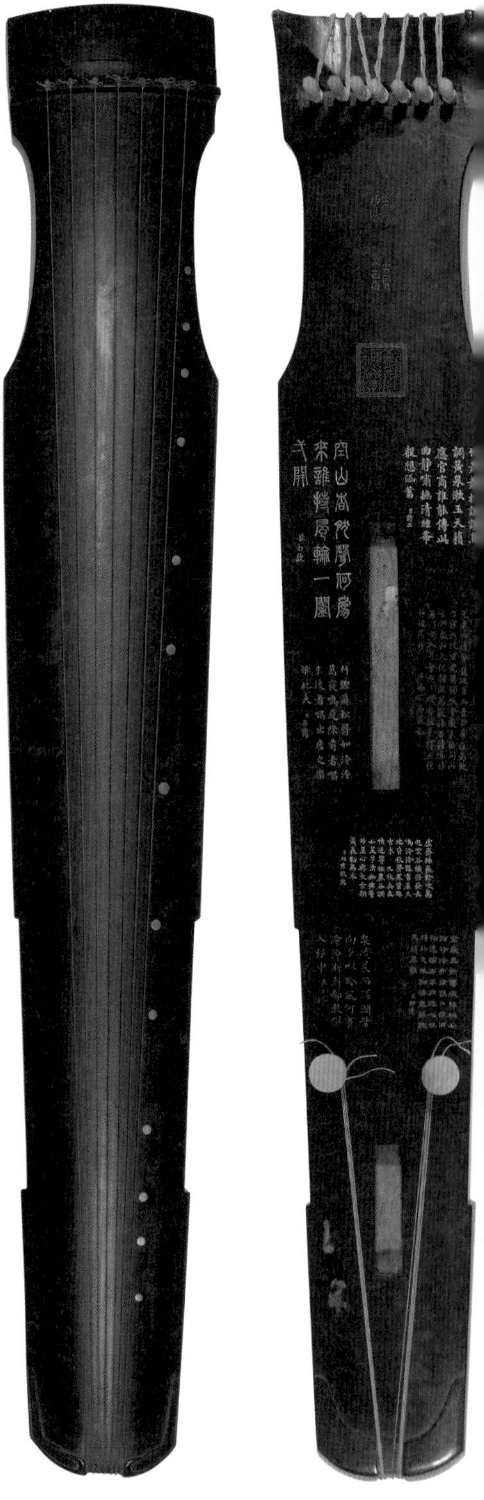

南宋·『清籁』琴正面、背面图［故宫博物院藏］

『愧予未解南薰愠，领取春温和且平』

——乾隆御赏『清籁』琴的故事

清乾隆年间，乾隆帝曾与『知音』大臣们一起，在雍正帝的基础上对宫廷藏琴做进一步的分级、刻铭与配匣的工作。故宫博物院现藏南宋『清籁』琴就是乾隆年间宫廷藏琴评级活动的『见证者』……

御制诗中记琴音

清乾隆帝（1711—1799）是中国历史上最长寿，也是实际掌权时间最长的皇帝，在“文治武功”方面均取得过较大成就，清朝的国力也在他执政期间达到巅峰。乾隆帝自幼聪慧、博闻强识、才能卓越。十一岁时觐见祖父康熙帝，他背诵诗文竟一字无误，因而被养育在宫中，得到福敏、蔡世远、朱轼等名师的精心辅导。长大后，他精通文史、能书擅画、娴熟音律、文体皆长。二十岁时，他已有《乐善堂集》刊行。

乾隆帝一生创作诗歌四万余首，有《高宗纯皇帝御制诗》五集传世。就“琴诗”而言，他仅写与琴人唐侃相关的诗歌便有九首，包括《听唐侃弹琴》三首、《香山听唐侃弹琴》两首、《善琴者唐侃村居西山下是日过其庐因题》一首。此外，还在《雁》《玉琴轩》《题明世子朱载堉琴谱》诗中提到了唐侃。

通过诗歌我们了解到，乾隆帝曾于七月朔日（初一）一天连续听唐侃演奏《高山》《流水》《秋鸿》三首乐曲，他还曾特召唐侃于乾隆十年（1745）建成的静怡园玉华岫中演奏《平沙落雁》一曲；乾隆帝的古琴水平并不高：“**愧我曾无抚琴指，不解琴音会琴理。**”“**平生不识宫与角，其理或可推而知。**”在唐侃用“清籁”琴为他演奏古风之乐时，仍是“**愧予未解南薰愠，领取春温和且平**”。当然，乾隆帝也可能是自谦，“平生不识宫与角”句出自苏轼的《听贤师琴》“**平生未识宫与角，但闻牛鸣盎中雉登木**”。但苏轼是会弹琴的，而且音乐造诣颇高。

诗中乾隆帝的自注，对我们了解唐侃有一定的帮助：“**唐侃，旗人也。随大将军费扬古出征昭木多，颇有功。在军中犹以琴自随。至雍正年间，始赐副都统衔，予告家居。**”“**曾出兵受伤……后年老乞休居香山。**”

乾隆帝晚年，还曾对“屡有诗嘉之”的唐侃所奏**“一字数弹”**的古乐提出反对意见。通过仔细研读祖父康熙帝钦定的《律吕正义》，他得出古乐应为“一字一弹”，**“并非若侃之所弹……于一字之内又分抑扬高下，转至趋于繁音悦耳之为，而忘乎自然之天籁也”**的结论，并进一步引申出“学问之道，无穷止之”的道理。

乾隆帝与唐侃的交往亦被时人所重视，清人吴振棫曾在《养吉斋丛录》中说：

“唐侃……精于琴理……高宗幸香山过其庐，尝使之弹，大有松石间意。”

唐侃与梁诗正还曾受乾隆帝之命共同审定过部分清宫藏琴，在**“清籁”**琴的背铭中，梁诗正的题铭仍居于首位，可见他们对乾隆朝内府藏琴的影响之深。

“清籁”琴上御赏铭

故宫博物院现藏有“清籁”琴一张，据腹款可知其为南宋斫琴名家严恭远所制。此琴虽为传统的仲尼式样，但它秀气挺拔，灵动而有韵味，极富南宋文人之气。

“清籁”琴，因琴背钤有**“乾隆御赏”**方印，所以还有另一个名字**“乾隆款七弦琴”**，可见乾隆帝的鉴赏对它的命运产生过不小的影响。它的背铭十分丰富，均为乾隆帝与大臣们鉴赏时所加，这些背铭使得这张琴拥有了南宋和清代两个时代的美学特征，殊为难得。

琴背轸池下刻有篆书**“清籁”**琴名，“清籁”就是清亮的声音。“籁”字有泛指声音之义，用在古琴上，它还有道家所说“天籁、地籁、人籁”

等更深一层的意味。

琴名下即为“**乾隆御赏**”方印，龙池左右直抵双足刻有乾隆朝七位股肱之臣的琴铭。

琴背最上方刻的是**梁诗正**的琴铭。梁诗正（1697—1763）是雍正八年（1730）探花。乾隆十年（1745）升户部尚书，上书“**皇上宜以节俭为要，勿兴土木之工，黩武之师，庶以持盈保泰**”。后历任兵部、刑部、吏部、工部、兵部尚书，兼翰林院掌院学士。乾隆二十八年（1763），授东阁大学士，加太子太傅。乾隆四十四年（1779），乾隆帝曾写诗怀念“三先生”“五阁臣”“五功臣”“五词臣”“五督臣”，梁诗正位居“五词臣”之首，可见他在乾隆帝心目中的地位。梁诗正工于书法，朝廷文稿多出自其手。他所写铭文为：“**竹萧萧、松谡谡。鸟调簧，泉漱玉。天籁应宫商，谁能传此曲。静啸抚清弦，希声想涵蓄。臣诗正。**”

与梁诗正琴铭相对的是**汪由敦**的琴铭，他也是“五词臣”之一。汪由敦（1692—1758）是雍正二年（1724）二甲头名进士，师从张廷玉，曾任工部、刑部、吏部尚书。汪由敦的书法水平很高，他去世后乾隆帝曾命人集其书法勒石内廷。他所写琴铭为：“**空山杳然，声何为来。谁持风轮，一阖一开。臣由敦。**”

汪由敦琴铭下是**张若霭**的琴铭。张若霭（1713—1746）出身名门，祖父是康熙朝文华殿大学士、礼部尚书张英，父亲是雍正朝保和殿大学士、首席军机大臣张廷玉。张若霭是雍正十一年（1733）二甲头名进士，官至礼部尚书，并以书画供奉内廷。乾隆九年（1744），奉乾隆帝“内府所储历代书画积至万有余种……遴其佳者荟萃成编”的谕旨，张若霭与张照、梁诗正、励宗万等人共同编纂的《秘殿珠林》成书，同年又与张照、梁诗正、励宗万、庄有恭、裘曰修、陈邦彦、观保、董邦达等人编纂《石渠宝笈》。他所写琴铭为：“竹铿尔，松翳如，泠泠万窍鸣庭除。前者唱于后者喁，出虚之乐惟此夫。臣若霭。”

与张若霭琴铭相对的是**励宗万**的琴铭。励宗万（1705—1759）家学渊源，祖父是刑部右侍郎、书法家励杜讷，父亲是刑部尚书、书法家励廷仪，励宗万年仅十七岁便考取进士，官至刑部侍郎，书画兼擅，与“五词臣”之张照齐名，称“南张北励”。他所写琴铭为：“元气必清，声发乃肖。太音正希，谁为鼓召。寂然趺坐，莞尔独笑。金徽未张，閟此古调。忽和天倪，韵流万窍。非石钟鸣，非苏门啸。入耳会心，心灯自照。手挥五弦，静领其妙。臣励宗万敬铭。”

龙池下为**陈邦彦**的铭文，陈邦彦（1678—1752）出自浙江海宁陈家，官至礼部侍郎。行草皆擅，尤工小楷。他的琴铭为：“虚斋拂徽轸，吹万起空谷。纤条发长鸣，泠泠袭书屋。天地皆秋声，寒蛩杂古木。九秋爽气横，逸响振岩谷。调如笙竽清，幽律警茅屋。心与太古期，萧森动万木。臣邦彦敬铭。”

再往下为**董邦达**与**裘曰修**的琴铭。董邦达（1699—1769年）曾任礼部尚书，擅长书画，有评论家将他与五代董源、明代董其昌并称为“三董”，其子董诰亦为乾隆、嘉庆两朝重臣。他所写琴铭为：“金徽玉轸，响彻丝桐。七弦泠泠，六律雍雍。淡而弥远，和而不同。躁心以释，矜气以融。清夜静听，天籁靡穷。臣邦达。”

裘曰修（1712—1773）曾任刑部尚书、《四库全书》馆总裁，为纪晓岚之师。他所写铭文为：“泉凌晨而泻涧，叶向夕以吟风。何事泠泠淅淅，都教并入弦中。臣曰修。”

那么，如此多的琴铭是何时完成的呢?

故宫博物院藏有与“清籁”琴背铭相似的名琴还有：南宋“海月清辉”琴、明代“峨嵋松”琴与“古杲华”琴，它们身上的铭文刻于同一时期，而有关“古杲华”琴的档案可以作为判断时间节点的突破口。

据乾隆十年（1745）六月二十七日造办处活计档记载：

司库白世秀来说，太监胡世杰交梅花叚琴一张，传旨：此琴上着用银库挑来的玉轸足安上，里面有不用的琴上囊并穗子挑一副好的使用。其破坏处着收拾。琴人收拾好，不要去旧意。钦此。

于七月二十八日司库白世秀将收拾得、配得玉轸梅花叚琴一张持进，交太监胡世杰呈进讫。

此琴修完后，乾隆帝于同年专门写了《题梅花琴》诗一首：

梅花为文桐为身，梅桐琴耶谁主宾?
何人斫此甘蔗形，大珠小珠丁晨星。
空山一鼓风泠泠，洞庭始波归仙軿。
无声凤哕琴有灵，筝琶之耳净者听。

而这首诗恰好出现在“古杲华”琴背铭之上，由此可知这批琴铭最迟刻于乾隆十年（1745）。

此外，还有一个旁证。张若霭于乾隆十一年（1746）九月随乾隆帝西巡，途中他因病回京，于同年十一月十七日卒。由于这几张琴均有张若霭的琴铭，所以琴铭的制作时间肯定在此之前。

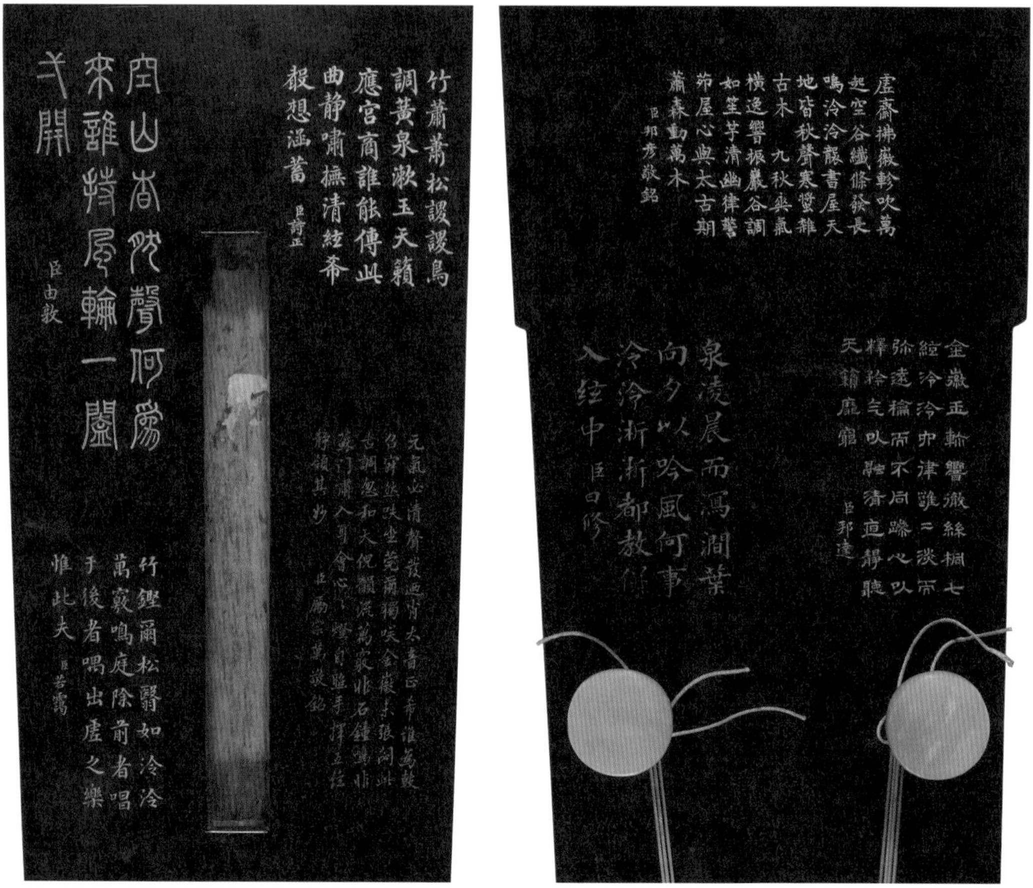

『清籁』琴琴铭。

从目前搜集到的资料来看，汪由敦是唯一一位将自己所写琴铭收入文集的词臣。汪由敦《松泉文集》中收录有自己为“海月清辉”“峨嵋松”“山水趣”“清籁”“梅雪”琴（即梅花琴）所写琴铭，与现存琴铭对照可发现他所写琴铭在刻制时稍有修改。据此，我们可知道，在汪由敦参与品评的古琴中还有一张“山水趣”琴，此琴可能也是乾隆内府藏琴，并曾由多位词臣题铭，可惜它已然流散了。

汪由敦做事十分认真，乾隆四年（1739）二月初八日，乾隆帝曾将内府收藏的1109方古铜图章交其认看，命他分清朝代先后，制成图谱呈览。乾隆七年（1742）六月三十日，汪由敦基本完成了认看，但图章中有不少他不认识的，便如实缮写折片呈览，乾隆帝说：“既不能认识，即将不识注‘阙疑’二字，俟谱成时将此原折入于图章匣内一并进呈。”汪由敦于九月初三日写成古铜图章阙疑字样折片进呈，乾隆帝看后要求只保留“阙”字即可。直至乾隆九年（1744）四月初六日，汪由敦终于完成了乾隆帝交代的使命。

据乾隆十年（1745）十二月初二日造办处活计档记载：

郎中色勒来说，为乾隆十年（1745）十一月十五日汪由敦、张若霭奉旨所制四琴，着庄亲王遴选良工会同造办处悉心斟酌，其金徽玉轸等件俱仿古样制办，琴腹中写诗之处着汪由敦、张若霭商酌办理，统于制就细胎时呈样请旨。

可知乾隆十年（1745），汪由敦与张若霭曾参与过内府的一次古琴斫制。

由于乾隆帝书房瀛台“补桐书屋”前的梧桐树枯死，乾隆帝爱惜其材，便命人将其斫为四张古琴，并亲自为其命名：瀛蓬仙籁、湘江秋碧、皋禽霜唳、云海移情。汪由敦、张若霭二人参与的便是此事，琴做好后仍放置于补桐书屋，以志纪念。

薰风琴韵忆知音

故宫博物院现藏有与乾隆帝抚琴相关的古画四幅：《弘历薰风琴韵图》《弘历观荷抚琴图》《弘历抚琴图》《弘历观画图》。其中**《弘历薰风琴韵图》**是四幅图中古琴占画幅比例较大的图卷。

图画正中乾隆帝身着汉装，坐于榻上。膝上之琴，古意盎然。只见他左手按弦，右手挑弄，神情肃穆，眼如望羊，有“青眼高歌望吾子，眼中之人吾老矣”之感。

榻之左右各立一童子，一双手执如意，一单手扶竹杖，杖上系葫芦，有如意福禄之意。榻前立四童子，一端茶至榻侧，一捧书于榻前，一灌溉奇花异草，一放置水果于冰中。

童子之外，还有鹿、鹤、鸳鸯等，均成对出现，颇有“和”的意味。

榻后屏风上有乾隆帝于“三希堂”戏画之梅花，上钤“古稀天子”“中和”“几暇怡情”“得佳趣”印。《八旗画录》曾盛赞乾隆帝画技：“游艺笔墨，兼擅山水、花草、兰竹、梅花、折枝，笔用中锋，法兼草隶。古秀浑逸，天机洋洋。”

屏风之后绘有假山，假山与垂柳之后还有一宫殿掩映其间。

整幅图虽内容丰富，但错落有致，鸣琴而珍兽至，点出了“薰风琴韵”的主题，十分精彩！

在画面空白处，还钤有：五福五代堂古稀天子宝、静寄山庄、八徵耄念之宝、太上皇帝之宝、天恩八旬等印，说明乾隆帝晚年曾多次观看此画，也说明他至此时仍十分喜爱古琴。

乾隆帝晚年在御制诗《铜雀瓦砚歌》中自注道：“此砚昔未亲题，惟命内廷翰林赋诗镌识。今观其名乃梁诗正、汪由敦、张若霭、励宗万、裘曰修、陈邦彦、董邦达，七人无一存者，为之怅然！”这七人也正是“清籁”琴题铭之七人，不知乾隆帝观此砚时，是否回想起乾隆十年（1745）八人一同听琴写诗的场景……

清·《弘历薰风琴韵图（局部）》［故宫博物院藏］

君臣共赏话名琴

——乾隆御府珍藏南宋『海月清辉』琴的故事

故宫博物院现藏琴中，
刻有『乾隆御府珍藏』印的只有两张：
一张是刻有黄印『乾隆御府珍藏』的元代朱致远制琴；
一张是刻有朱印『乾隆御府珍藏』的南宋『海月清辉』琴。
乾隆朝是有清一代最为富庶的时期，
作为『乾隆御府珍藏』的『海月清辉』琴有着哪些特殊之处？
其与乾隆帝的知音大臣之间又有着怎样的关系呢？

丹　嘯
唐製漆光純紅周身蛇腹斷紋岳嵌檀木尾嵌棗心
木鳳額上刊古太和篆書三字琴腹肩上刊丹山瑞
嘯篆書四字下有雷霄製元印一左右無名氏篆書
一聯云淳風德並羲皇上古調長存宇宙間下有河
嶽斯宗印一托軫上
御題贊云雌雄鳴合十二中宮商天下治款署乾隆御識
下有得佳趣璽一龍池鳳沼皆方白玉軫足金徽琴
身長三尺八寸寬五寸五分高六分肩寬六寸二分
腰寬五寸尾寬四寸五分盛以填漆匣匣中篆書
御題云野雉朝雊雞鶤晨吟喧啾百鳥語獨揚威鳳音丹
穴五色羽凌雲自歌舞爰止龍門桐奇律叶昌吐霧
氣通和馨應惟琴德之最優較嶰谷之調而轉勝紫
庭初啓阿閣晞陽詠薰風而奏曲占鼓曰以來翔下
有乾隆御題璽一匣外隸書識云唐製丹山瑞嘯大
清乾隆辛酉年裝下有永寶用之璽一又素箋一幅
楷書
御題全前背記云鏗鏘和暢協節奏阿誠足宣太平之雅
奏擬頭等十號臣梁詩正唐侃全審定

清·乾隆御题琴谱册之唐丹山瑞哕琴介绍

御赏名琴古画间

乾隆时期清朝国力趋于极盛，由于内府藏品越来越多，乾隆帝曾专门命人对这些藏品进行系统的整理著录。他命张照、梁诗正、励宗万、张若霭等人将内府所藏佛教、道教类书画作品著录于《秘殿珠林》；将内府收藏的数万卷历代书画（非宗教类）著录于《石渠宝笈》（初编、续编、三编，“真而精”的藏品称作上等，其余的藏品称作下等）；又命梁诗正、王杰等人将清宫收藏的青铜器著录于《西清四鉴》（《西清古鉴》《西清续鉴甲编》《西清续鉴乙编》《宁寿鉴古》）中。

在古琴收藏方面，乾隆帝也有意识地进行了这类著录工作。在《中国古琴珍萃》中收录有一套**《乾隆御题琴谱册》**。该套书已散佚，目前仅余十页，著录有乾隆时期十张内府藏琴的详细信息：**“九霄鸣珮”**（宋制，头等三号）、**“大雅”**（宋制，头等五号）、**“金声玉振”**（宋制，头等四号）、**“龙啸天风”**（唐制，头等六号）、**“万壑传松”**（宋制，头等七号）、**“太古心”**（宋制，头等八号）、**“大圣遗音”**（唐制，头等九号）、**“丹山瑞哕”**（唐制，头等十号）、**“天风海涛”**（宋制，头等十一号）、**“天地同气”**（唐制，头等十二号）。

这十张琴是乾隆六年（1741）前后，乾隆帝与其大臣**梁诗正**、古琴家**唐侃**和**内务府工匠**对清宫藏古琴进行题铭、鉴定、分级与做匣活动的成果。从目前的史料来看，**乾隆帝是最早采用彩图绘型并详细记录内府收藏历代名琴的皇帝**。

虽然这十张《乾隆御题琴谱册》早已流散出宫，但是在故宫现藏的一幅**《弘历观画图》**中却也出现了一条重要的线索，证明《乾隆御题琴谱册》的真实性。

清·郎世宁绘《弘历观画图》［故宫博物院藏］

《弘历观画图》是宫廷画师、意大利传教士**郎世宁**（1688—1766）等人所绘的一幅纪实画卷。这幅画采用了画中画的构图方式来表现乾隆帝欣赏《洗象图》与鉴定瓷器、青铜器、古琴等其他文玩的场景。

画中之画《洗象图》，描绘的是**乾隆帝扮作普贤菩萨正观看众人为其坐骑白象“洗澡”的场景**。这幅画至今仍藏于**故宫博物院**。

在《弘历观画图》的左下方有一小童正抱着一张古琴，其琴头刻有“鼓太和”三字，对照《乾隆御题琴谱册》中“丹山瑞哕”琴的描述：**“唐制，漆光纯红，周身蛇腹断纹，岳嵌檀木，尾嵌枣心木，凤额上刊‘古太和’篆书三字。琴腹肩上刊丹山瑞哕篆书四字，下有雷霄制元印一，左右无名氏篆书一，联云，淳风得并羲皇上，古代长存宇宙间。”**可知，此琴颜色与记录相符，虽“鼓太和”与“古太和”有一字之差，但正如后文中“元印”应为“圆印”一样，两者很有可能是一样的。

清内府鉴藏印的钤盖并不随意，它所钤盖的位置与所钤文物的等级是有规律可循的。与“海月清辉”琴一样，故宫博物院现藏有乾隆帝与词臣们共赏过并刻有大量琴铭，且留有乾隆御府珍藏、乾隆御赏、乾隆御题的古琴，还有**南宋“清籁”琴**（乾隆御赏）、**元朱致远制琴**（乾隆御制诗、乾隆御府珍藏印）、**明代“古杲华”琴**（乾隆御题）、**明代“峨嵋松”琴**（乾隆御赏）、**明代“玉泉”铜琴**（乾隆御题诗，几暇临池、得佳趣印）、**明代“音朗号钟”铜琴**（乾隆御制诗、含英咀华印）、**清代“音朗号钟”琴及琴箱**（刻头等二十三号）。除了这些印记外，“海月清辉”琴还刻有大量的琴铭。它们身上的铭文与《石渠宝笈》等图书一样因钤印与刻铭的不同而有着不同的等级。据清宫档案记载可知，至少自雍正帝开始，便曾对宫廷藏琴进行过有意识的定级，据雍正四年（1726）八月十六日杂活作档案记载：

“十六日，据圆明园来帖内称，首领太监夏安交来琴四十二张（内四十张有套、二张无套）。传旨，此琴内着会弹琴人选好琴六张，分做头等一二三四五六号数，钦此（于九月初二日将琴四十二张俱编等次号数交太监夏安持去讫）。”

雍正帝曾与知音大臣海望一起将内府藏琴分为**出等琴**、**有等次琴**（头等、一等、二等、三等、无等）两大类，并为“**出等的琴着配做红漆套箱，有等次的琴配做黑退光套箱**”（雍正四年十月十八日漆作），除琴箱外，雍正帝还命人为这批琴制作“**锦囊琴套**”。古琴定级工作持续时间较长，一直到乾隆年间。据乾隆七年（1742）十月十五日档案记载：

“十五日司库白世秀，副催总达子来说，太监高玉交紫漆琴五张（俱随旧锦囊，内二等四张，三等一张），黑漆琴六张（俱随旧锦囊，内二等一张、三等三张、无等二张），琴一张传旨着认看等次，呈现览，钦此。于十一月三日司库白世秀将认看等次漆琴十二张持进，交太监高玉呈进，奉旨着送往圆明园交开其里，钦此（于乾隆八年二月初十日柏唐阿法克进将漆琴十二张俱随旧囊送赴圆明园交首领开其里收讫）。”

“海月清辉”琴作为乾隆御府珍藏琴，是乾隆帝与几位文采出众的股肱之臣共同鉴定欣赏过的名琴之一。乾隆帝十分喜爱古琴，仅故宫博物院现藏与乾隆帝抚琴有关的古画便有《弘历观荷抚琴图》《弘历抚琴图》《弘历薰风琴韵图》《弘历观画图》等多幅。他还写有多首琴诗，如刻于“松石间意”琴上的《琴》：

“古锦囊韬龙门琴，朱弦久歇霹雳音。安得伯牙移情手，为余一写山水心。”

乾隆帝也曾得一知音——唐侃。乾隆帝多次亲赴香山听唐侃弹琴，并写有多首《听唐侃弹琴》御制诗，并曾令唐侃与梁诗正共同鉴定清宫藏琴。

诗正唐侃同审定

这套琴谱册将“丹山瑞哕”琴的信息记载得十分详细：

“御题赞云，雌雄鸣、合十二，中宫商、天下治。”“署乾隆御藏”“有得佳趣玺一”“有乾隆御题玺一”“大清乾隆辛酉年装（乾隆六年即 1741 年）”“拟头等十号，臣梁诗正、唐侃共审定”。

乾隆四十四年（1779），乾隆帝曾写诗专门评论乾隆时期名臣，有“三先生”“五阁臣”“五功臣”“五词臣”“五督臣”之名，梁诗正（1697—

1763）位居“五词臣”之首，他历任兵部、刑部、吏部、工部尚书，兼翰林院掌院学士；且工于书法，朝廷文稿多出自其手。宫廷内藏品的著录也多有他的参与。而唐侃则是与乾隆帝关系最为密切的八旗琴人的代表。

乾隆帝曾在《善琴者唐侃村居西山下是日过其庐因题》诗中介绍唐侃，“百战归来志未磨”，并自注道：

“唐侃，旗人也。随大将军费扬古出征昭木多，颇有功。在军中犹以琴自随。至雍正年间，始赐副都统衔，予告家居。”

对于唐侃的琴技，乾隆帝十分欣赏，他曾在《香山听唐侃弹琴》一诗中说：

“谷深林静香山陲，我知妙处不能写。其能写者舍侃谁？”

而唐侃也将乾隆帝视为知音，乾隆帝来时他虽“村居隔五里”，但“抱琴而来”，并为乾隆帝演奏了《高山》《流水》《秋鸿》三曲，乾隆帝评价三曲道：

“为我作高山，噫吁嘻，巍乎高哉。……为我作流水徒，观其状也则汤汤荡荡渺复弥。……忽然触景貌秋鸿。”

听完三曲后，乾隆帝说：

“我欲赞之，乃不得其辞。”

这几首曲子弹得太好了，乾隆帝竟不知应如何来夸赞唐侃，于是乾隆帝想到自己：

“幼读《孔子书记》，其说《关雎》曰，乐而不淫，哀而不伤。善琴者当有会于斯，是为太始正音堪味道，世间筝、琵、笛、筑徒尔为。”

后来，在《题明世子朱载堉琴谱》一诗中，乾隆帝又有了新的认识：

“忆昔于香山曾听唐侃琴，穆如余古风，谓胜筝、琶音。其后定韶乐……皇祖《钦定律吕正义》考订精审，一字一弹，乃知古乐琴声均属一弦一字，非如侃所弹世俗之繁音促节也。”

他再次介绍唐侃：

“唐侃，内府旗人，曾出兵受伤，善弹琴，任副都统，后年老乞休，居香山，乾隆辛酉年（乾隆六年即1741年）曾听伊弹琴，音节抑扬，谓即古乐，屡有诗嘉之。”

过了几年，乾隆帝再次去香山听唐侃弹琴时说：

“经年唐侃琴音寂，好是山深过雨初。欲借散怀先属付，抚弦切莫奏《关雎》。”

御府珍藏名琴传

“海月清辉”琴与“清籁”琴是清宫藏琴中最具代表性的南宋古琴。“海月清辉”琴通长117.2厘米，比“清籁”琴短4厘米，额宽、肩宽也稍比“清籁”琴窄，更加符合宋代赵希鹄《洞天清录》所说宋琴“**肩耸而狭**”的特点。琴为仲尼式，也是宋人推崇的式样。

“海月清辉”琴，琴胚上附鹿角灰胎，外髹栗壳色漆，有朱漆修补，漆面现牛毛间梅花断纹。此琴为紫檀岳山焦尾，金徽玉轸，青玉雁足，龙池、凤沼均为长方形。

琴背铭刻非常丰富，龙池上方隶书填青“**海月清辉**”琴名，其下为“**乾隆御府珍藏**”朱印。龙池左右刻梁诗正、励宗万、陈邦彦、董邦达、汪由敦、张若霭、裘曰修五色琴铭。

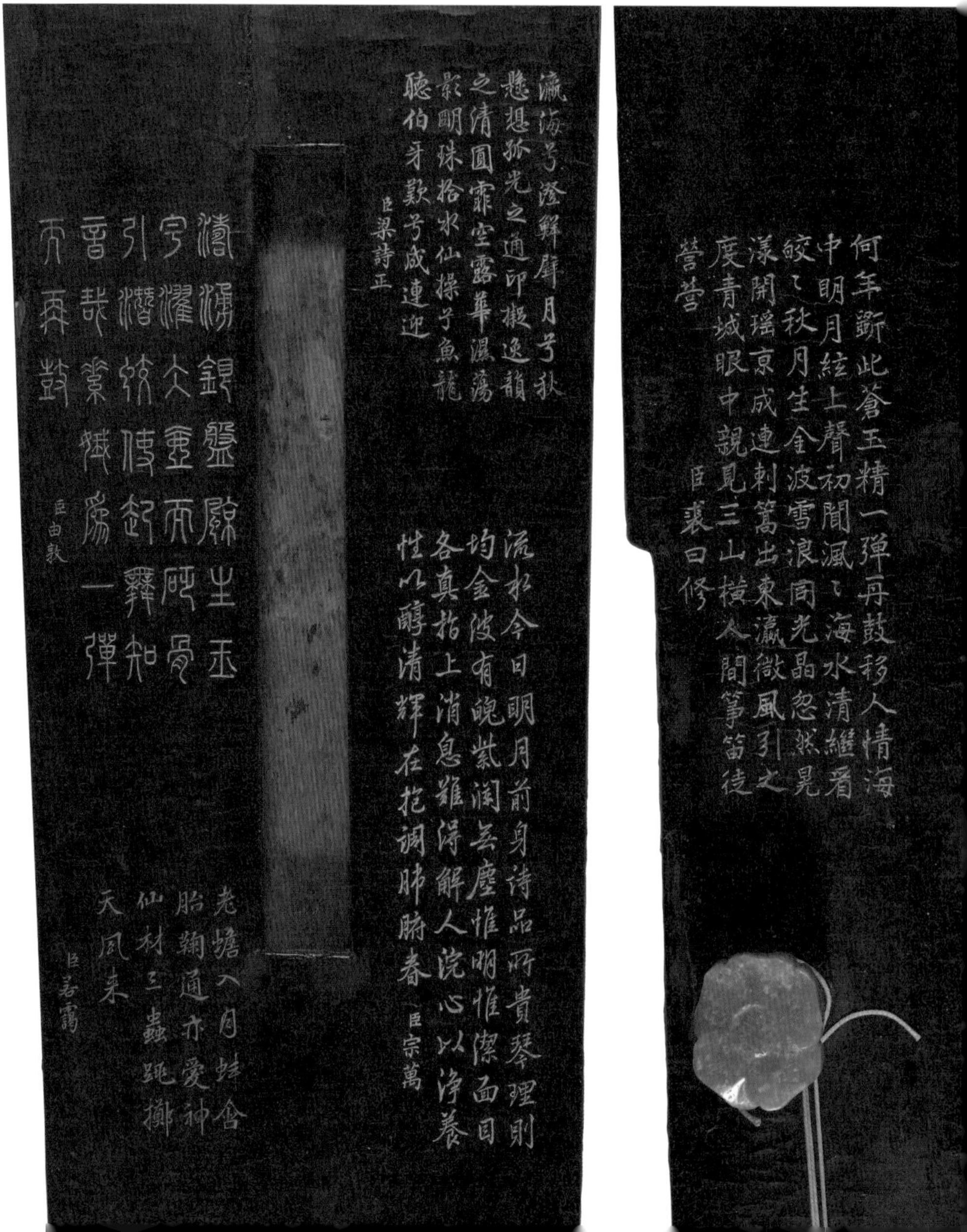

『海月清辉』琴铭文（局部）

梁诗正琴铭前两句便点出了琴名“海月清辉”的含义，他说：“瀛海兮澄鲜，辟月兮秋悬。想孤光之通印，拟逸韵之清圆。霏空露华湿，荡影明珠拾。水仙操兮鱼龙听，伯牙叹兮成连迎。臣梁诗正。”

励宗万琴铭为：“流水今日，明月前身。诗品所贵，琴理则均。金波有魄，紫澜无尘。惟明惟洁，面目各真。指上消息，难得解人。浣心以净，养性以醇。清辉在抱，调肺腑春。臣宗万。”

陈邦彦琴铭为：“水中月，声中景，意中缘。出沧波，圆魄鲜。泝空明之流光，惟托响于素弦。臣邦彦。”

董邦达琴铭为：“峄阳之桐高百尺，斫为雅琴和以怿。皎如长空悬皓魄，海波相映澄日夕，成连归去窅无迹。清穆心神形俱释，泠泠一曲高天碧。臣邦达。”

汪由敦琴铭曾被记载于汪由敦的文集《松泉集》卷十三中，这是这张琴中唯一被记载于书中的琴铭：“涛涌银盘，凉生玉宇。濯冰壶而砭骨，引潜蛟使起舞。知音哉素娥，为一弹而再鼓。臣由敦。”

张若霭琴铭为：“老蟾入月蚌含胎，鞠通亦爱神仙材。三虫跳掷天风来。臣若霭。”

裘曰修琴铭有此琴演奏过的描绘：“何年斫此苍玉精，一弹再鼓移人情。海中明月弦上声，初闻沨沨海水清。继看皎皎秋月生，金波雪浪同光晶，忽然晃漾开瑶京。成连刺篙出东瀛，微风引之度青城。眼中亲见三山横，人间筝笛徒营营。臣裘曰修。”

清定王府『行有恒堂』藏琴故事

清代王爷对古琴热爱的也不乏其人。
其中有一位王爷，
他是乾隆帝第五世孙，
不仅官运亨通，
历任御前大臣、礼部尚书、工部尚书、步军统领等职，
还是道光帝倚重的股肱之臣，
道光帝去世前诏其为顾命大臣，
而且他擅弹古琴，
编有琴谱，
至今仍有他使用、收藏过的名琴传世。
他就是定敏亲王——
爱新觉罗·载铨。

“行有恒堂”藏名琴

清乾隆四十九年（1784）三月初八日，正在第六次南巡途中的乾隆帝收到第一位玄孙载锡（1784—1821）出生的消息，七十三岁的老皇帝大喜，挥笔写下“五福五代堂”五个大字，命人制成匾额后悬挂于宁寿宫东北部的景福宫内。

“五福”出自《尚书·洪范》：“一曰寿，二曰富，三曰康宁，四曰攸好德，五曰考终命。”这是中国古人对人生幸福追求的目标。清代皇帝自然对“五福”也十分看重，康熙帝曾御题“五福堂”匾赐给其四子胤禛（雍正帝），后来，雍正帝则敬摹其父赐给的三字，制成匾额，高悬于雍和宫与圆明园内。

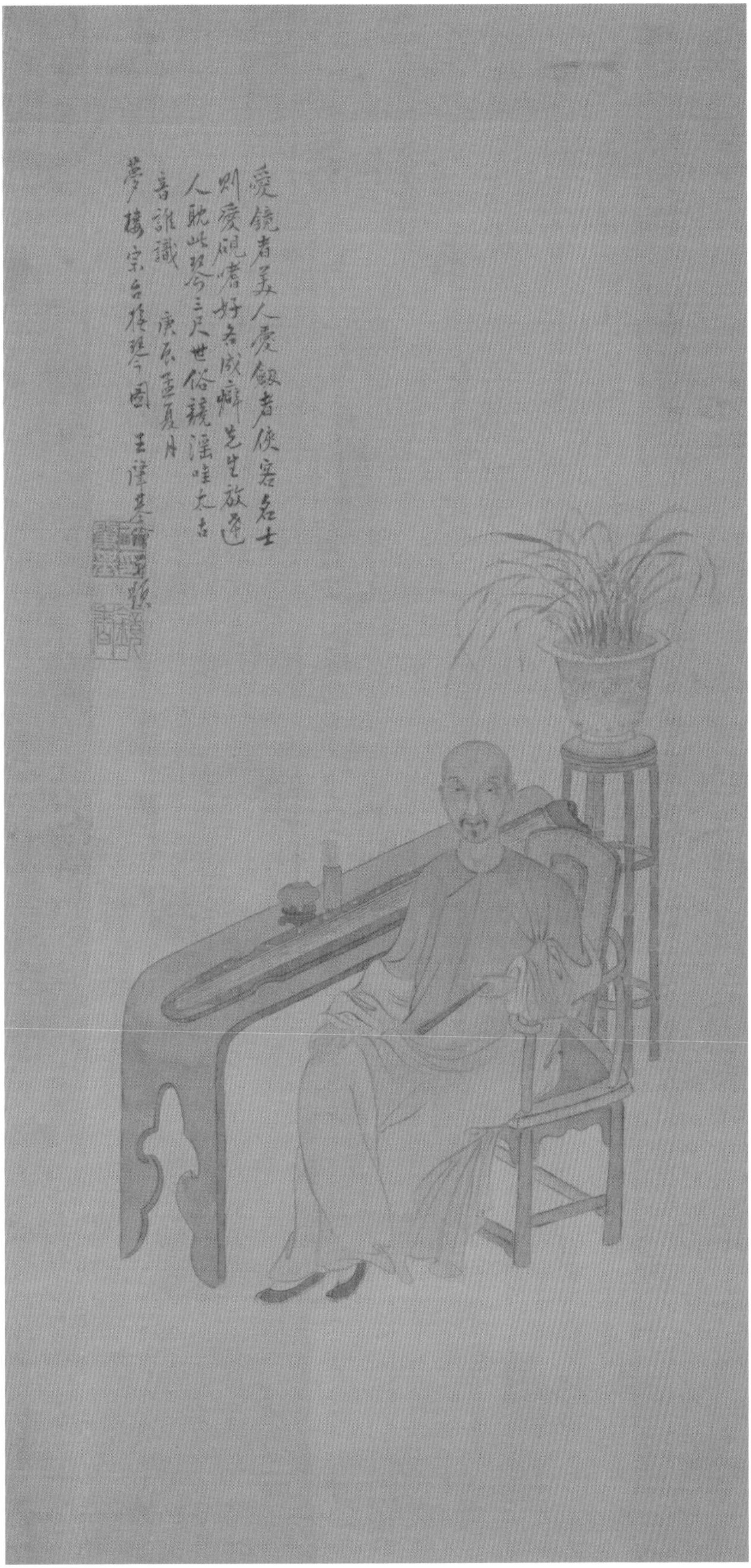

清·王肇基绘《王梦楼抚琴图》【故宫博物院藏】

乾隆四十一年（1776），景福宫重修后，乾隆帝命人制成《五福颂》书屏放于此。八年后，乾隆帝喜得首位玄孙，增书“五福五代堂”匾，撰《五福五代堂记》：“兹蒙天贶，予得元孙，五代同堂，为今古希有之吉瑞。古之获此瑞者，或名其堂，以侚其事。则予之所名堂，正宜用此五福之名。”同时，乾隆帝命人镌刻多方“五福五代堂宝”玺以纪其事，并镌制“五福五代堂古稀天子宝”。可见，“古稀有七，曾元绕膝”，对于乾隆帝而言是多么的重要。而且载锡是长房长子长孙长曾孙长玄孙，在极其重视长子的时代，长玄孙有着特殊的意义。

乾隆帝长子定安亲王永璜（载锡曾祖）育有两子：长子绵德，是载锡的爷爷；次子绵恩，是**载铨**（1794—1854）的爷爷。乾隆四十一年（1776）春，定郡王绵德因被告发与被革职的礼部郎中秦雄褒馈赠书画而被削爵，爵位自此由弟弟绵恩承袭。

嘉庆八年（1803）闰二月二十日，嘉庆帝从圆明园起銮返回紫禁城，在进入紫禁城北门神武门后，一名大汉持刀冲出，欲刺杀皇帝。御前大臣定亲王绵恩上前阻拦，袍袖被刺破，因护驾有功，绵恩被赏赐御用补褂，其子奕绍（载铨之父）也晋封贝子，道光二年（1822），奕绍袭亲王。

载铨也是乾隆帝见过的五世孙，他虽然比载锡小十岁，但是比载锡更为官运亨通。道光十四年（1834）正月，四十岁的载铨出任正黄旗领侍卫内大臣，十一月，为礼部尚书；道光十五年（1835）封辅国公；道光十六年（1836）袭爵，同年授御前大臣、工部尚书、步军统领。道光三十年（1850）正月，道光帝召宗人府宗令载铨，御前大臣载垣、端华、僧格林沁，军机大臣穆彰阿、赛尚阿、何汝林、陈孚恩、季芝昌，总管内务府大臣文庆公启鐍匣，宣示御书“皇四子立为皇太子”，载铨自此成为顾命大臣，仕途到达巅峰。

咸丰帝即位后，载铨日渐骄纵。咸丰二年（1852）六月，给事中袁甲三上书弹劾："载铨营私舞弊，自谓'操进退用人之权'。刑部尚书恒春、侍郎书元潜赴私邸，听其指使。步军统领衙门但准收呈，例不审办。而载铨不识大体，任意颠倒，遇有盗案咨部，乃以武断济其规避。又广收门生，外间传闻有定门四配、十哲、七十二贤之称。"袁甲三向以"好弹击，颇著直声"闻名，皇帝问其有何证据？袁甲三奏称："闻载铨绘有《息肩图》一卷，题承甚多，凡属门生，均系师生称谓。应请旨饬令载铨将所藏《息肩图》呈出，则某人为门生，历历可数，无从含混矣。"载铨只得将图交出，皇帝看后说："诸王与在廷臣工不得往来，历圣垂诫周详。恒春、书元因审办案件，趋府私谒，载铨并未拒绝。至拜认师生，例有明禁，而《息肩图》题咏中，载龄、许诵恒均以门生自居，不知远嫌。"因此，"罚王俸二年，所领职并罢"。载铨自此被罢官夺权，但没过多久，咸丰二年（1852）九月，咸丰帝仍授载铨为步军统领，并于次年为其加亲王衔，并让其充办理巡防事宜，不过好景不长，咸丰四年（1854）九月，载铨病入膏肓，咸丰帝下诏以绵德曾孙溥煦为后，是月薨逝。

载铨出身显贵，一生在宦海浮沉，留下了大量器物。至今，在故宫博物院还收藏有一大批与定王府有关的器物，包括瓷器、玉器、铜器、匏器、文房等，书画藏品中也有不少加盖"**行有恒堂**"印章的文物。除故宫博物院外，中国国家博物馆、南京博物院等也收藏有不少刻有"行有恒堂"款的文物。除"行有恒堂"外，这些器物中有时还会刻有"行有恒堂主人珍用""定府行有恒堂珍赏""行有恒堂珍藏""定邸清赏"等印。据故宫博物院研究馆员郑宏考证：**"从目前新发现的带年款器物可知，行有恒堂款器物最早于嘉庆六年（1801），晚不过咸丰四年（1854），大部分属载铨时期所造，也是定王府最为鼎盛时期。"**

但是在这些传世器物当中，与载铨相关的古琴文物传世较少，定府

“行有恒堂”原藏古琴百余张，1900年“庚子之乱”后散落，目前，中国国家博物馆藏“霜鸿”琴背面刻有“定府行有恒堂珍赏”印，可知其为载铨所用之琴。

此琴为仲尼式，长122.5厘米、肩宽22厘米、尾宽15厘米。通体髹黑漆，琴背发蛇腹断纹，岳山、焦尾均为硬木，琴面镶蚌徽13枚，7条丝制琴弦色微黄，木轸、木制雁足，琴背龙池、凤沼均为长方形。龙池上方刻“**霜鸿**”琴名，琴名下有“**定府行有恒堂珍赏**”印。此琴道光年间由定亲王载铨珍藏，后为北京**夏莲居**（1884—1965）居士珍藏。

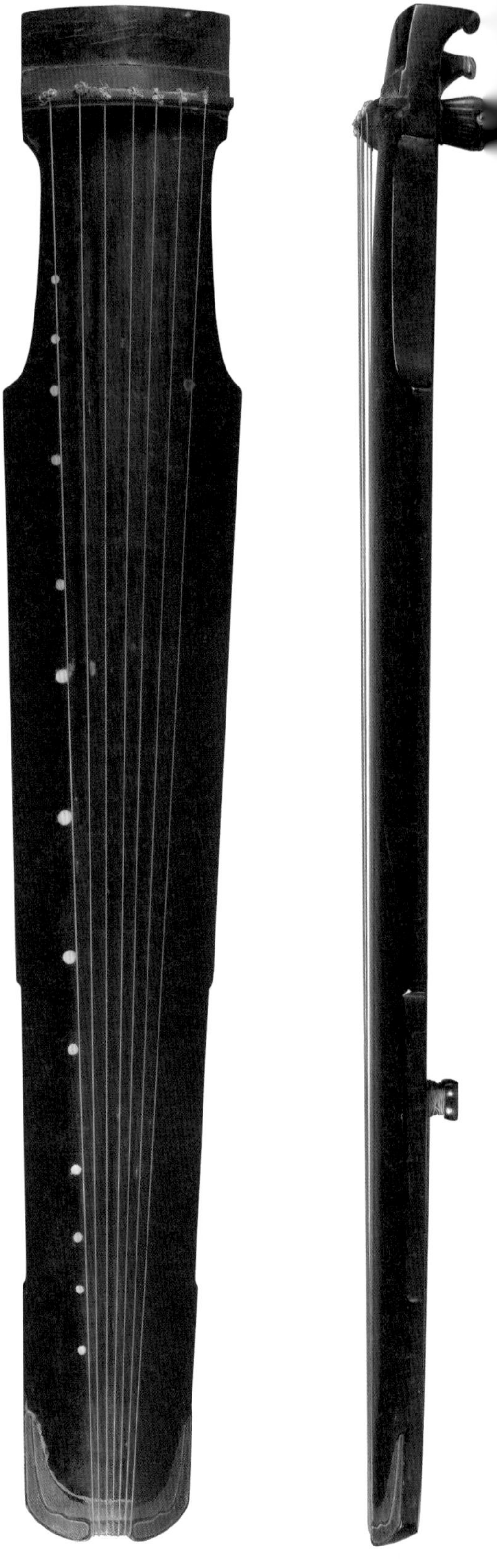

从左至右依次为：『霜鸿』琴正面、侧面、背面、琴头、琴尾。
［中国国家博物馆藏］

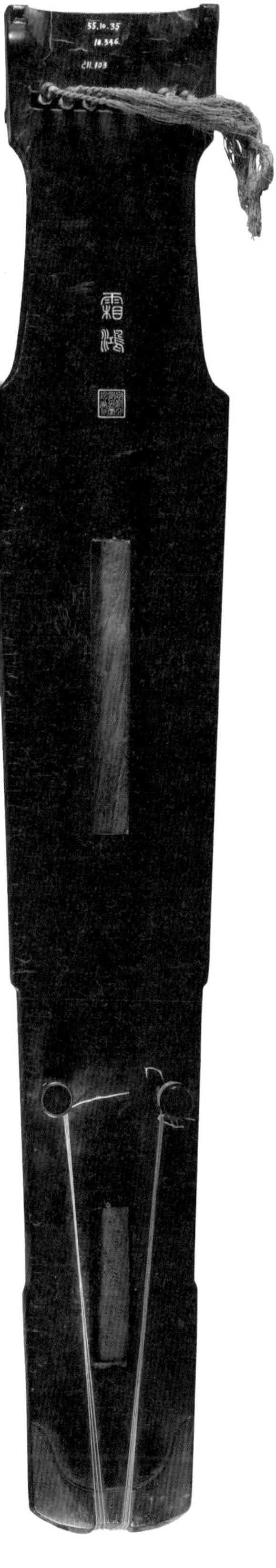

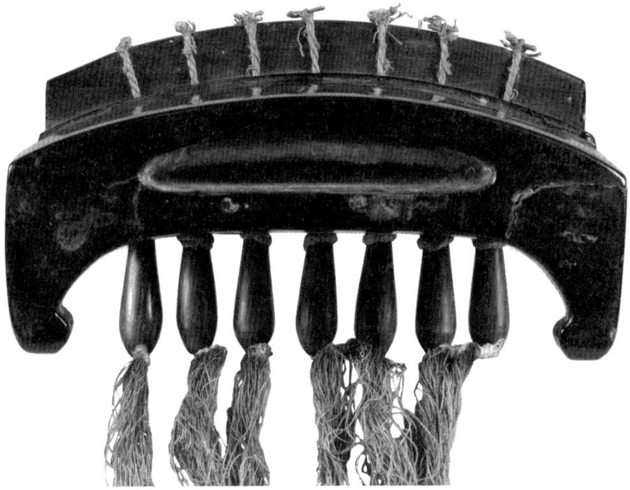

浙江省博物馆所藏传世名琴“彩凤鸣岐”的琴铭中，也有一段与定王府藏琴相关的记载。

“彩凤鸣岐”琴背龙池下方右侧刻有杨宗稷小楷六行：“庚申二月，与朗贝勒公祭长沙张文达公于岳云别业。贝勒见此云，定慎郡王旧藏百余琴，庚子散失，此为第一。因赠长歌有‘曾存定府先人言，我持此琴三叹息’之句。定府琴有名于时，识之以告来者。”落款“宗稷再题”，尾铃椭圆形篆书“时百”印。

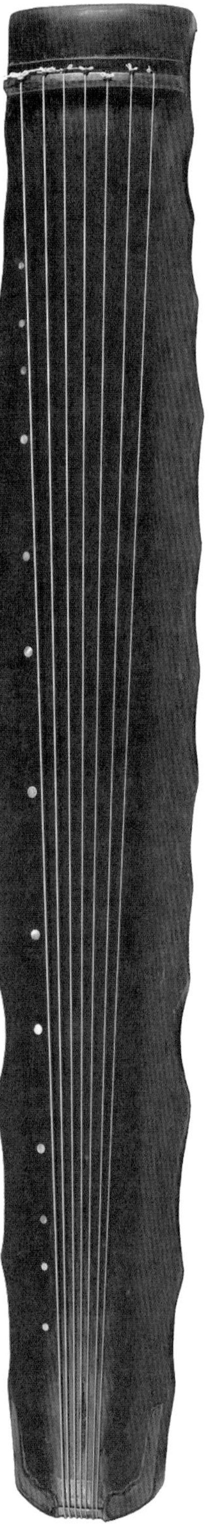

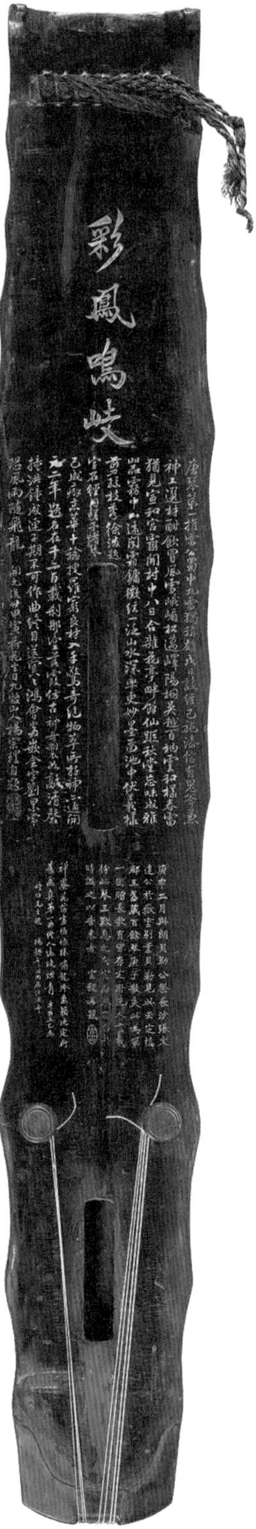
彩鳳鳴岐

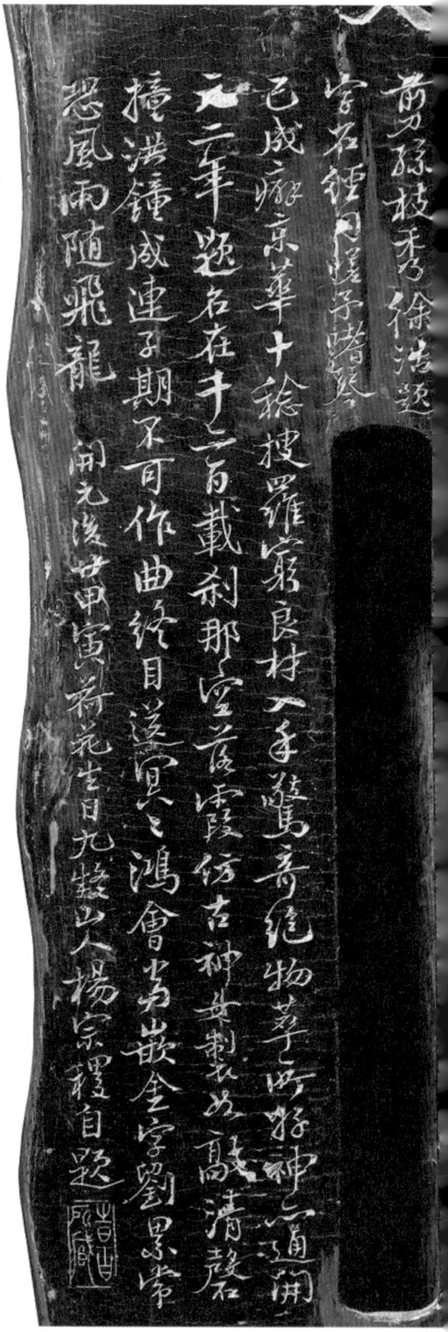

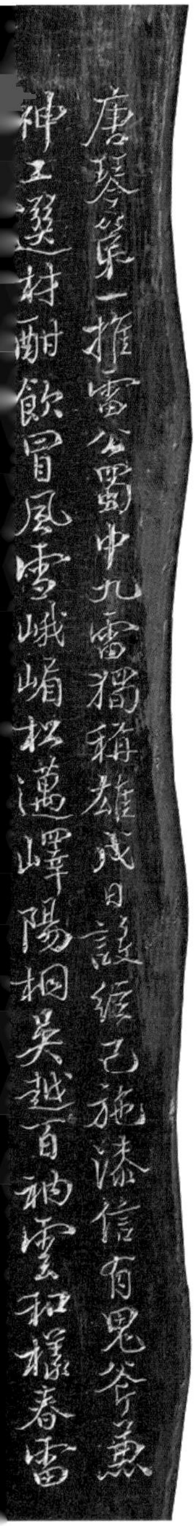

『彩凤鸣岐』琴及局部［浙江省博物馆藏］

据此琴铭可知，庚申（1920）二月，57 岁的杨宗稷与朗贝勒在岳云别业一起公祭“张文达公”。**张文达**是北京大学前身京师大学堂的重要创始人之一张百熙。**张百熙**（1847—1907）湖南长沙人，同治十三年（1874）进士，曾任日讲起居注官、国子监祭酒、都察院左都御史、顺天府尹和工部、礼部、刑部、吏部、户部尚书等职，谥号“文达”，因此，又称“张文达公”。张百熙去世后，各学堂办事员、教习、学生、故旧亲戚、各省督抚捐款在北京城南购地建园纪念，名为“岳云别业”。“每岁逢文达生没日，设公祭于中，凡与文达有旧者，皆得往祭，十余年如一日。将军与文达有文字知遇之感亦与祭焉。”

关于**朗贝勒**，杨宗稷在《琴学丛书》中介绍说：“**朗贝勒，本名毓朗，号月华。辛丑后封镇国将军，称为毓将军。时长沙张文达公奉命以吏部尚书管理大学堂事务大臣兼管宗室觉罗八旗学堂，奏派将军为八旗学堂总教习。**”**毓朗**（1864—1922）是定慎郡王溥煦次子，载铨死后，咸丰帝将绵德曾孙溥煦过继给他，继承王爵，因此毓朗是定敏亲王载铨之孙。杨宗稷写道：“**定慎郡王旧藏百余琴，庚子散失，此为第一。**”毓朗为这张琴写了诗，诗中有“**曾存定府先人言，我持此琴三叹息**”的句子。杨宗稷认为定王府之琴有名于时，将这件事记载下来以告诉将来的人。

《琴学丛书》详录了朗贝勒为记录此次相遇所作之长歌（诗）与序言，序言中说：

“庚申二月十七日，公祭张文达公于岳云别业，入门有弹琴者，杨君宗稷也。鼓《平沙落雁》数段，声疏落，异时曲。

初余家有古琴，制独钜，朱漆斑驳，声沉着，不似他琴作三弦音者，背镌刻彩凤鸣岐四字，琴身中镌大唐开元二年雷威制。庚子之乱，此琴并抄本《临鹤斋琴谱》皆为人掠去。至是与杨君言及，杨君惊曰曩从一小女子手中购得一琴，即雷威也。亟使持来相示，徽轸如故，而色少退矣。杨君嘱书其事为成七古一章以纪实。”

长诗中有言：**“我持此琴三叹息，人失依旧为人得。曾存定府先人言**（余家旧藏书画珍玩多有钤先祖曾存定府行有恒堂章者，概达观也），**始信成亏两无惑。**”“曾存”两字也就是说此时琴上已经没有了“定府行有恒堂章”的印章，可能是被人刮去了。

除以上两琴外，《春雷琴室图卷·春雷琴记》中有这样一句话：

“轸足明镂金景泰蓝，张莲舫见之云，行有恒堂藏琴，多有用之。”

这句话说的是“春雷”琴为景泰蓝琴足，晚清古琴修复家张莲舫认为“行有恒堂”藏琴多使用景泰蓝琴足，不知依据何来。故宫博物院研究馆员郑珉中认为这样的说法是不合实际的。

“行有恒堂”存曲谱

《清史稿》中有关载铨的记载很少，而且主要在讲《息肩图》案，只字未提载铨与古琴的关系。那么，载铨与古琴到底有着什么样的关系呢？《行有恒堂录存曲谱》与《行有恒堂初集》，可以给我们一些答案。

《行有恒堂录存曲谱》序言为**“道光庚子长至日行有恒堂主人识并书”**，“道光庚子”是道光二十年（1840），“长至日”是冬至那天，正处于事业巅峰期的四十六岁的“行有恒堂”主人载铨完成了这部曲谱的编纂，并写下了序言，在署名下钤上了“定府珍赏”印。

载铨在序言中写道：

“指下宫商寄闲情于绿绮，胸中丘壑寻逸响于冰弦。”

弹琴可以抒发心中的情绪，这可能是他喜爱弹琴的重要原因：

“操缦宣情理，性幽，莫过于丝桐。”

学习弹琴，闭门造车肯定是不能成功的，需要名师的指点，载铨说道，

“爰访知音，乃延雅客。有诸暨陈荻舟者，指法殊时，琴音臻妙”，“胸藏太古之声，手扶大雅之响”。

于是，他跟随陈先生学习，弹得越好越觉得**“金徽玉轸，实获我心”**。因此，他才将曲谱记录下来，**“筠管银毫，写成小谱。聊备遗忘，敢云好古”**。这部曲谱共录有八首琴曲：《良宵引》（前钤“定府清赏”“行有恒堂主人”印）《秋江夜泊》《梧叶舞秋风》《平沙落雁》《昭君怨》《汉宫秋》《潇湘水云》《渔歌》。

在《潇湘水云》和《渔歌》两首曲谱旁，载铨还记有其弹奏这两首乐曲时的感受。在演奏《潇湘水云》时，载铨说：**“此曲中段颇有万顷波涛惊起一群鸿雁，使人俗虑顿消耳。”**在演奏《渔歌》时，载铨认为：**“此曲音韵古浊，真有逍遥世外之想，余对谱鼓之，月半始得其宗旨也。”**

这部琴谱本来也已散落民间，光绪二十六年（1900）长至（冬至）日，此谱完成整整一甲子（60年）后，古琴大家叶诗梦先生于街市中买到了这本**“巾箱册页朱格写本”**的琴谱。这部曲谱所收八首曲谱，均为道光

年间古琴家陈荻舟所传，陈荻舟著有《临鹤斋琴谱》，对比两谱中相同的《良宵引》一曲，可知“行有恒堂”抄本更为精致。而且《梧叶舞秋风》《昭君怨》两曲在《临鹤斋琴谱》中均未收录。由此可见，载铨的古琴演奏水平是很高的。

除著有琴谱外，载铨还于道光二十八年（1848）九月刊印有诗集——《行有恒堂初集》，在紫禁城的怡情书史、长春宫、昭仁殿中均存有《行有恒堂初集》，可见其在当时的影响力。

诗集中录有《古琴歌》：

“峄阳古桐不易得，不遇子期空叹息。我今徒做瑶琴歌，况兼双手生荆棘。绝调翻成郑卫讥，广陵散失逸声稀。独怜空谷幽兰秀，漫想平沙落雁飞。”

诗中提到《广陵散》《幽兰》《平沙落雁》等多首曲目，可见作者对古琴名曲的熟练程度。

诗集中还有写作者弹琴的诗歌，如《清夜琴兴》：

“纱窗春暖夜调琴，清冷应知大雅音。”

《清明日晓起鼓琴》：

“泠泠响奏宫商协，袅袅音余兴趣赊。”

也有写听朋友弹琴的诗歌，如《和韩厚卿听裴蘅石抚琴韵》：

“长夏闲窗日似年，听君促轸韵泠然。知音应叹今时罕，挥手翻惊古调鲜。”

还有写藏琴的诗歌，如《题唐雷文琴》：

“微风入长松，明月照江浦。万虑寂静时，泠然希太古。”

除写古琴的诗歌外，书中还有《吹箫词》，可见作者熟悉多种乐器。

清乾隆帝摹《唐寅事茗图卷》（局部）［故宫博物院藏］

『崩霆、残雷』

——『戊戌六君子』谭嗣同的琴胆剑心

中国古代不乏剑胆琴心之士，

很多名垂青史的将领同时也是一位饱读诗书的文臣。

他们『铁肩担道义，妙手著文章』。

有了他们的存在，

历史上很多重大变革的『铁』与『血』时刻，

平添了些许侠骨柔肠的动人故事，

使得历史更加丰满。

『戊戌六君子』之一的谭嗣同便是这样一位『剑胆琴心』的名士。

他用琴声与宝剑书写出自己短暂而又不平凡的一生。

湖湘子弟号复生

清同治四年（1865）三月十日，在户部任职的湖南浏阳人谭继洵（后任湖北巡抚兼署湖广总督）家中，传来一阵婴儿的啼哭声，谭家再添一丁，取名嗣同。嗣同少时坎坷，五岁染重病，昏死三日，竟得康复，故字复生。幼时丧母，长于父妾之下，孤悬大家庭中，虑渐深而智愈长。

十岁拜欧阳中鹄（欧阳予倩祖父）为师，喜读王夫之、龚自珍、魏源等先驱之书，好经世致用之学。长成后，好侠义、喜剑术、能文章、善操琴，有古君子之风！

『残雷』琴全形正面

二十岁携“七星剑”游历直隶、甘肃、新疆、陕西、河南、湖北、湖南、江西、江苏、安徽、浙江、山东、山西等省。相传游历期间，得其生平最为敬佩之人文天祥旧物：蕉雨琴与凤矩剑，携琴背剑，察风访士，以文武会友，深悲时暗！

两剑三琴入庙堂

光绪二十一年（1895）《马关条约》的签订，东亚的传统政治格局被彻底撬动，再不警醒有亡国灭种之险。三十岁的谭嗣同积极投身于救亡图存的事业中。二十二年（1896）谭嗣同入京结交梁启超、翁同龢等维新派人士，二十三年（1896）完成维新派第一部哲学著作《仁学》。后在湖南兴办时务学堂，建立南学会，创办《湘报》，湖南风气焕然一新。光绪帝颁布《定国是诏》后，谭嗣同被征召入京，授四品军机章京，成为维新变法的主力。

谭嗣同自称："余有双剑，一曰麟角，一曰凤矩"，而且说自己"弱娴技击，身手尚便；常弄弓矢，尤乐驰骋。"除善剑术外还善弹古琴，而且能亲手制琴。在家乡时常与友人于浏阳北城口的文庙击剑弹琴，品评时事。妻子李闰长于诗书之家，知书达理，能诗善文，常与谭嗣同弹琴相和，互诉衷肠。相传，入京参与变法前，谭嗣同还与夫人秉烛夜话，对弹亲制"崩霆""残雷"二琴，后携带凤矩剑与此二琴入京，好友刘人熙载：

"谭知府嗣同自甘肃来京师，雅好音乐，善南北昆曲，能歌乐章。"

光绪七年（1881）夏，谭家院中两棵约六丈高梧桐树中的一棵被雷劈倒，光绪十六年（1890），谭嗣同以此树枝干制琴两张，命名为**"崩霆""残雷"**。"崩霆"现收藏于谭嗣同的老家**湖南省博物馆**，"残雷"1952年由钱君宜先生捐赠，现收藏于**故宫博物院**。也许是机缘巧合，两把琴收藏于两个与谭嗣同一生密切相关的两个地点。

"崩霆"琴，仲尼式，琴面、底分别为桐木、梓木，蚌徽，牙轸，牛角雁足，通体髹黑色漆，无断纹。

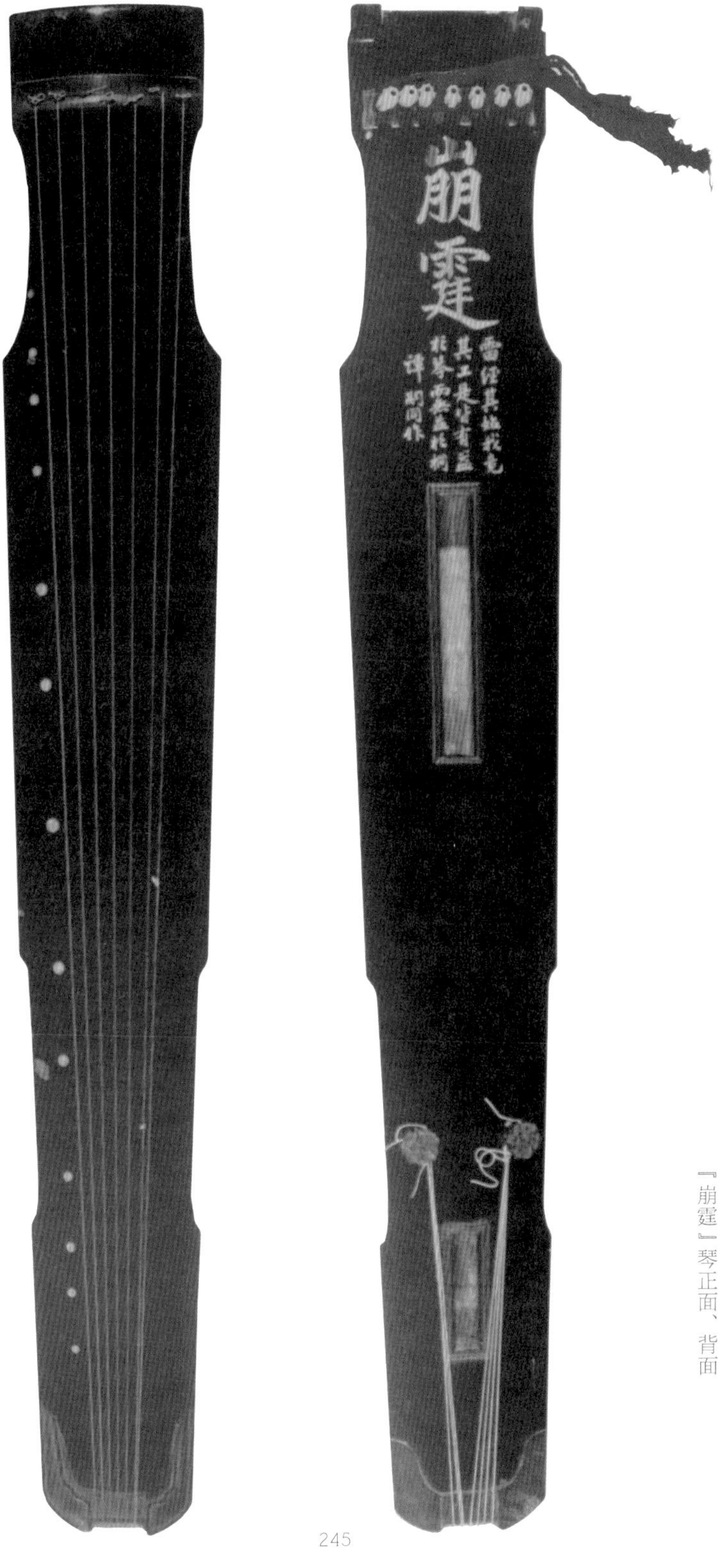

『崩霆』琴正面、背面

琴背书鎏金琴名“崩霆”二字，下刻：**“雷经其始，我竟其工，是皆有益于琴而无意于桐，谭嗣同作”** 腹款为：**“浏阳谭嗣同复生甫监制，霹雳琴第一，光绪十六年庚寅仲秋。”** 附有红色丝琴穗、琴囊。

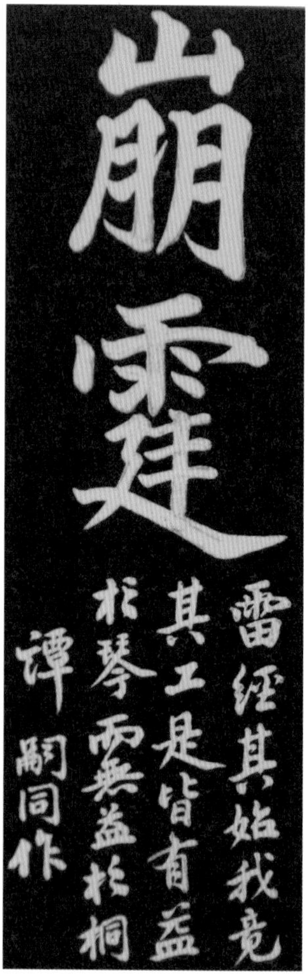

『崩霆』琴铭文（局部）
「浙江省博物馆藏」

“残雷”琴，落霞式，面底皆桐木，髹退光漆，无断纹，蚌徽，牛角轸足，承露刻梅花样，焦尾刻灵芝样。

琴背楷书填绿“残雷”琴名，下书：**“破天一声挥大斧，干断柯折皮骨腐，纵作良才遇已苦。遇已苦，呜咽哀鸣莽终古。谭嗣同作。”**钤“壮飞”（谭嗣同自号壮飞）红印，腹款：**“浏阳谭嗣同复生甫监制霹雳琴第二，光绪十六年。”**

残雷
破天一聲揮大斧
幹斷柯折皮骨腐
縱作良材遇已苦
遇已苦嗚咽哀鳴
莽終古
譚嗣同作

『残雷』琴背面及款识 ［浙江省博物馆藏］

谭嗣同不但会弹琴，做琴，还收藏琴。他收藏中最为出名的是他最敬重的**文天祥**的**“蕉雨”**琴，在其《文信国日月星辰砚歌并叙》中载：

“余旧蓄信国蕉雨琴，亦旷代罕见，行将相质，而以诗以先焉。”该琴琴铭：“海沉沉，天寂寂，芭蕉雨，声何急，孤臣泪，不敢泣。”

还曾送好友安徽贵池刘世珩古琴，以寄相思：

“顷走候未晤，怅惘殊甚！呈短琴一，留为他日相思之资，缘手边更无长物，故菲陋乃尔。”

湖南省博物馆还收藏有一架谭嗣同使用过的**洒金工艺仲尼式七弦琴**，不过琴名题款均已被人磨去且覆一层漆，不知与蕉雨琴是否有关系。

维新变法只持续了百余日，慈禧太后发动政变，囚禁光绪帝，捉拿维新派，此时康有为、梁启超等均已逃脱，而谭嗣同虽之前有友人提醒，并愿意提供帮助，却未逃脱，而是积极营救光绪帝，光绪二十四年（1898）谭嗣同在浏阳会馆被抓之后，大刀王五等江湖朋友来狱中相救，他以宝剑“凤矩”相赠，以继其志，却未跟随其出逃……

谭嗣同还写诗名志：

望门投止思张俭，忍死须臾待杜根。
我自横刀向天笑，去留肝胆两昆仑。

此时，他脑海中浮现的应是这番场景：宋祥兴二年（1279）崖山海战前夜，元军统帅张弘范与吞药自尽未成而被俘的文天祥在惨烈的海风中伫立，对面是南宋最后的堡垒。元军传令：“命文天祥写劝降书！”文天祥却挥笔写下：

辛苦遭逢起一经，干戈寥落四周星。
山河破碎风飘絮，身世浮沉雨打萍。
惶恐滩头说惶恐，零丁洋里叹零丁。
人生自古谁无死，留取丹心照汗青。

崖山战败，宰相陆秀夫背负幼帝纵身一跃，诸臣随之投海，死溺者数万。当忽必烈汗亲自劝降并以元朝宰相相许时，文天祥答曰："愿以一死足矣。"元至正十九年十二月初九日（公元1283年1月9日），文天祥在元大都（今北京）慷慨就义，时年四十七岁。

谭嗣同对这段历史应是烂熟于心，正如文天祥绝命词所云："孔曰成仁，孟曰取义。惟其义尽，所以仁至。读圣贤书，所学何事？而今而后，庶几无愧！"这种仰不愧天，俯不愧人，内不愧心的精神鼓舞着他，终于写下："各国变法无不从流血而成，今中国未闻有因变法而流血者，此国之所以不昌。有之，请自嗣同始。"在北京菜市口刑场英勇就义时，谭嗣同面无惧色，视死如归，高呼："有心杀贼，无力回天，死得其所，快哉快哉！"

中国古代历次变法，琴心剑胆的谭嗣同可能是主动为变法成功牺牲的第一人！

我们缅怀谭嗣同这位三十三岁便为"百日维新"变法献出宝贵生命，琴心剑胆的仁人君子，既是对谭嗣同个人崇高品格的敬仰，更是对先人在面临列强瓜分、民族危亡的乱世中，为谋求国家出路所进行的艰苦卓绝的努力的景仰。历史的经验告诉我们，改革不易，成功更难！因而，我们更应珍惜今天"改革开放"的成功局面，为国家富强和人民幸福贡献出自己的力量！

后记

说到本书文章的缘起，首先我要感谢我的工作单位故宫博物院，我院不但有着唐、宋、元、明、清历代的古琴珍藏，而且还有着像郑珉中先生一样专注于古琴、古乐器研究的一批专家学者。有了这一基础，当《中国档案报》的屈建军老师问我能否写一个专栏时，我便提交了“鉴器知音”古琴研究专栏，经过两年的连载才有了今天这一批文章的面世。

当然在写这一专栏之前，我已经为《中国档案报》供稿过一段时间，而促使我能够与屈老师联络上的也是我们宫廷部典章文物组的专家恽丽梅老师。因此，我其次要感谢的便是恽丽梅老师。恽老师现在已经退休了，但是她仍然不时关心我的学术课题，她不仅为我推荐了《中国档案报》的编辑老师，而且还推荐我加入了宫廷史专家刘潞老师的课题，还有她自己主持的课题，为我在故宫学术上的入门搭建了一座桥梁，有着老故宫人传帮带的崇高精神。

再次，我要感谢《中国档案报》的屈建军老师，虽然我经恽老师介绍与之有着三十余篇文章，长达几年的学术交往，但是我们二人至今仍未曾谋面。屈老师有着十分专业的编辑素养，让我在思想上转变了对写科普性学术文章的看法，也让我学到了出版前要闻过则喜，精益求精的态度。

最后，我要感谢中国艺术研究院音乐研究所的董建国老师，他不仅为我提供了大量的名琴高清图片，而且为我讲解了很多古琴鉴藏的知识，还有很多近代琴人的往事。并邀我担任人民音乐出版社“十三五”重点项目《中国历代名琴品鉴》一书的副主编，撰写全部博物馆藏琴的文字，使我在琴器鉴赏上成长不少。

另外，我还要感谢我们器物部的同事、好友王翯热心组织我们几人共同出版这一套从书。感谢湖南科学技术出版社的责编李文瑶老师，她从约稿到审稿再到编校、签订合同、申请书号、组织出版，做了大量事无巨细的工作。感谢设计师杨哲老师在有限的时间内将我提供的大量的古琴图片、古代绘画作品与文章文字进行了有机的结合，使之呈现出一种当代人喜欢的版式风格。总之，要感谢的人还有很多，这里难免挂一漏万，还请这里未曾提到的为本书出版提供过帮助的老师朋友海涵。

这是我工作之后的第一本专著，文词观点难免稚嫩，研究也还很不深入，如有错误欢迎读者朋友们批评指正！我争取在今后的工作中，加强学习，提高研究能力，争取早日有更加专业的研究著作面世！

图书在版编目（CIP）数据

遇见紫禁城：古琴之韵 / 刘国梁 著 . — 长沙：湖南科学技术出版社，2023.6
ISBN 978-7-5710-1610-4

Ⅰ . ①遇… Ⅱ . ①刘… Ⅲ . ①故宫博物院—历史文物— 研究—北京 Ⅳ . ① K870.4

中国版本图书馆 CIP 数据核字 (2022) 第 090427 号

YUJIAN ZIJINCHENG：GUQIN ZHI YUN
遇见紫禁城：古琴之韵

著　　者：刘国梁
出 版 人：潘晓山
责任编辑：李文瑶 梁蕾 王舒欣
出版发行：湖南科学技术出版社
社　　址：长沙市芙蓉中路一段 416 号泊富国际金融中心
网　　址：http://www.hnstp.com
湖南科学技术出版社天猫旗舰店网址： http://hnkjcbs.tmall.com
邮购联系：0731 － 84375808
印　　刷：长沙超峰印刷有限公司
（印装质量问题请直接与本厂联系）
厂　　址：宁乡市金州新区泉洲北路 100 号
邮　　编：410600
版　　次：2023 年 6 月第 1 版
印　　次：2023 年 6 月第 1 次印刷
开　　本：787mm × 1092 mm 1/16
印　　张：16.5
插　　页：6
字　　数：234 千字
书　　号：ISBN 978-7-5710-1610-4
定　　价：128.00 元